20歳の自分に教えたい
地政学のきほん

池上 彰

SB新書
616

はじめに――「地政学」には落とし穴もある

「地政学」という言葉がすっかりブームになりました。国際情勢を取り上げるとき、「これを地政学の視点から見ると……」などと言うと、なんだか格好いいことを言っているような気になるかもしれません。

でも、本当のところ、「地政学」とはどんな学問なのでしょうか。

日々のニュースに登場する国際情勢を、まずは地理から見てみる。世界地図で、どこに位置していて、どこの国との関係が悪化しているのかを確認してみる。その次に、それぞれの国の歴史から考えてみる。政治には、必ず歴史があるからです。

このように見ていくと、点でしかなかった知識が、やがて線になり、面に広がっていきます。ニュースがきっかけであっても、世界のことを深く学ぶことができるのです。

しかし、この地政学は、かつては悪用されたこともあります。

第一次世界大戦後、ドイツで政権を取ったアドルフ・ヒトラーは、「生存圏」つまり国家が国家として存立可能な場所という「地政学」の考えを悪用し、「ドイツには生存圏が必要だ」と主張して、ポーランドを侵略しました。地政学は、それぞれの国の国家戦略を分析する道具であったはずなのに、いつしか侵略の根拠に使われてしまったのです。

それは日本でも同じこと。日本にとって、「他国の勢力圏に入っては大変だ」と朝鮮半島を自国のものにし、さらに満州国という世界のどこも承認しない国家を建てて緩衝《かんしょう》地帯にしていきます。これは客観的に見れば侵略そのものです。

さらには「大東亜共栄圏」という発想が生まれます。「シーパワー」の日本が、「ランドパワー」にまで手を伸ばして失敗する結果になったのです（ここで「シーパワー」「ランドパワー」という「地政学の用語」が出てきました。用語の解説については本書の第1章で詳述しています）。

このように「地政学」は、かつて侵略の理屈の道具に使われたという苦い経験から、第二次世界大戦後、しばらくはタブーの学問になっていました。日本の学校の社会科の「地理」の分野でも、地政学的な要素は注意深く取り除かれていたのです。

地理という学問が、必ずしも魅力的なものではないと受け止めた人がいたのには、そんな理由があったのかもしれません。

ところが、このところの国際情勢の推移によって、地政学の観点からの分析が必要だと考える専門家が増えました。遂には学校で学ぶ地理にも地政学的観点が取り入れられるようになったのです。

とりわけロシアによるウクライナ侵攻を見ると、地政学で見事に分析ができてしまうように見えます。でも、ここに落とし穴があります。すべてを地政学の観点から解説することは、物事を過度に単純化してしまうリスクを伴うからです。

地政学の観点を知った上で、それだけで満足せずに、その先まで学んでみる。それが、いまの私たちに必要な心構えだと思います。そのために、少しでもお役に立てれば、こんな嬉しいことはありません。

この本はテレビ朝日系列で放送されている「池上彰のニュースそうだったのか!!」

の内容を基本としつつ、その後の状況などを加筆して完成しました。完成に当たっては、編集者の美野晴代さんの尽力がありました。感謝しています。

２０２３年４月

ジャーナリスト　池上　彰

20歳の自分に教えたい地政学のきほん◉目次

第2章

地政学で「ロシアのウクライナ侵攻」を読み解く
——注目すべきはヨーロッパのディフェンスライン

第3章 地政学で「アメリカと中国の勢力争い」を読み解く
――地図から中国の狡猾な狙いが見えてくる

第4章 中国の香港制圧、地政学的な意味は？——台湾統一への布石

第5章

「日本の安全」を地政学で読み解く

――日本が世界の脅威に対抗するには？

第1章

g e o p o l i t i c s

地政学とは？

——シーパワーとランドパワーの国がある

◉地政学でわかる国際情勢やその国の狙い

最近、地政学という考え方が注目されています。その意味するところは文字を見れば一目瞭然。地政学の「地」は地理のこと、「政」は政治です。地理と政治が一緒になっている。つまり、それぞれの国が置かれている地理的な環境から国際情勢や歴史的な出来事を分析する学問、これが地政学です。

地政学では、その国がどういう場所にあるのか、どんな形をしているのかといった地理的な条件によって、その国の政治・歴史・性格などがある程度決まってくると考えます。

この地政学が注目されているのは、イギリスのEU離脱、中国の海洋進出、ロシアのウクライナ侵攻など世界的に大きな出来事があったからです。「なぜそんなことが起きたのか？」と考えたときに、実は地理的な理由もあるんだという見方には説得力があり、世界的に注目を浴びました。

地政学をよく知っていると国際情勢やその国の狙いが見えてきます。もちろん地政学上の要因以外にも理由はいろいろあるのですが、地図を見ているだけでわかることがある。それが地政学なのだと考えてください。

その分析によって、なぜロシアがウクライナに侵攻したのか、なぜアメリカが世界の覇権を握るようになったのか、また、なぜ日本が今のような国になったのか、といったことが見えてくるのです。

◉貿易立国の国・日本は「シーパワー」

では、地政学の具体的な考え方について日本を例に見ていきます。

地図上の日本の特徴は何だと思いますか？

「国土が狭いこと」と答えた人は不正解です。日本の面積は世界196カ国中の61位。意外に狭くないのです。ヨーロッパには日本よりはるかに国土の狭い国が多く、ドイツでさえ順位は日本の一つ下（62位）です。

日本の地政学上の特徴は、周囲を海に囲まれた島国であること。したがって、外国から攻め込まれにくいこと、海を通じて遠くの国とも交流しやすいこと。これが日本

日本の地政学上の特徴

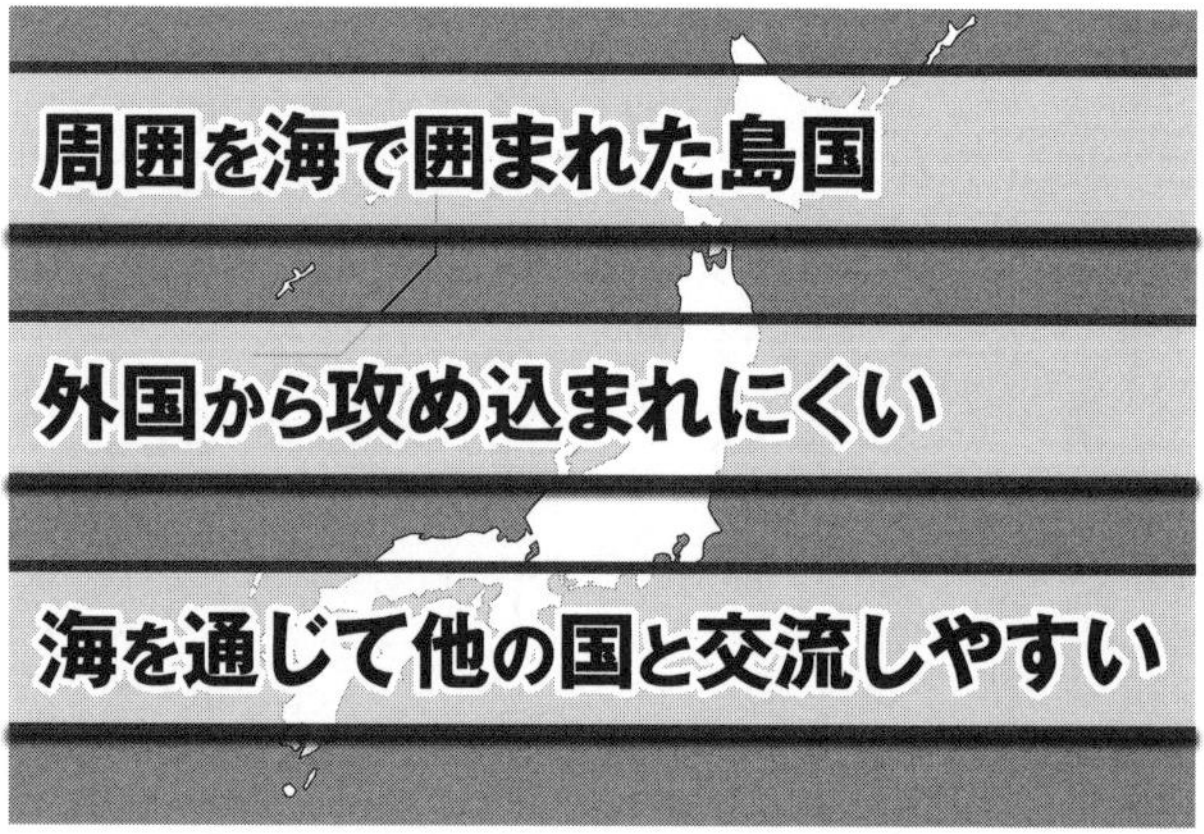
周囲を海で囲まれた島国
外国から攻め込まれにくい
海を通じて他の国と交流しやすい

の特徴です。

地政学では、日本のように海に囲まれた国を「シーパワー」と呼んでいます。「シー」は海、「パワー」は力ですね。海に守られた、あるいは海に出て行く国、これがシーパワーの国です。

シーパワーの国は海を通じて世界各国と交流しやすく、だからこそ貿易立国ともいわれます。日本は、特に戦後、諸外国と海を通じて貿易をすることによって発展してきました。

日本以外でシーパワーの国を挙げると、すぐ思い浮かぶのはイギリスです。この国もほとんど海に囲まれています。

囲まれているというわけではありませんが、海に面している国があります。たとえばスペインがそう。日本以外のシーパワーの国としては、イギリスやスペインなどが代表的です。

◉領土を拡大する傾向が強い「ランドパワー」

世界の国は島国だけではありません。中国のように陸の国境線が長い国や、内陸部にあって海に面していないモンゴルのような国もあります。こういう国は、シーパワーに対して「ランドパワー」と呼ばれています。

ランドパワーの主な特徴は三つです。

第一に、陸続きなので人やモノの移動がしやすいこと。

第二に、外国から攻め込まれやすいこと。

第三に、強い国は領土を拡大しようとする傾向が強いこと。

同じランドパワーでも、弱い国が他国から攻め込まれやすいのに対し、強い国は攻める側に回ります。隣接する国を次々に攻略して領土を拡大していくのです。

ランドパワーの特徴

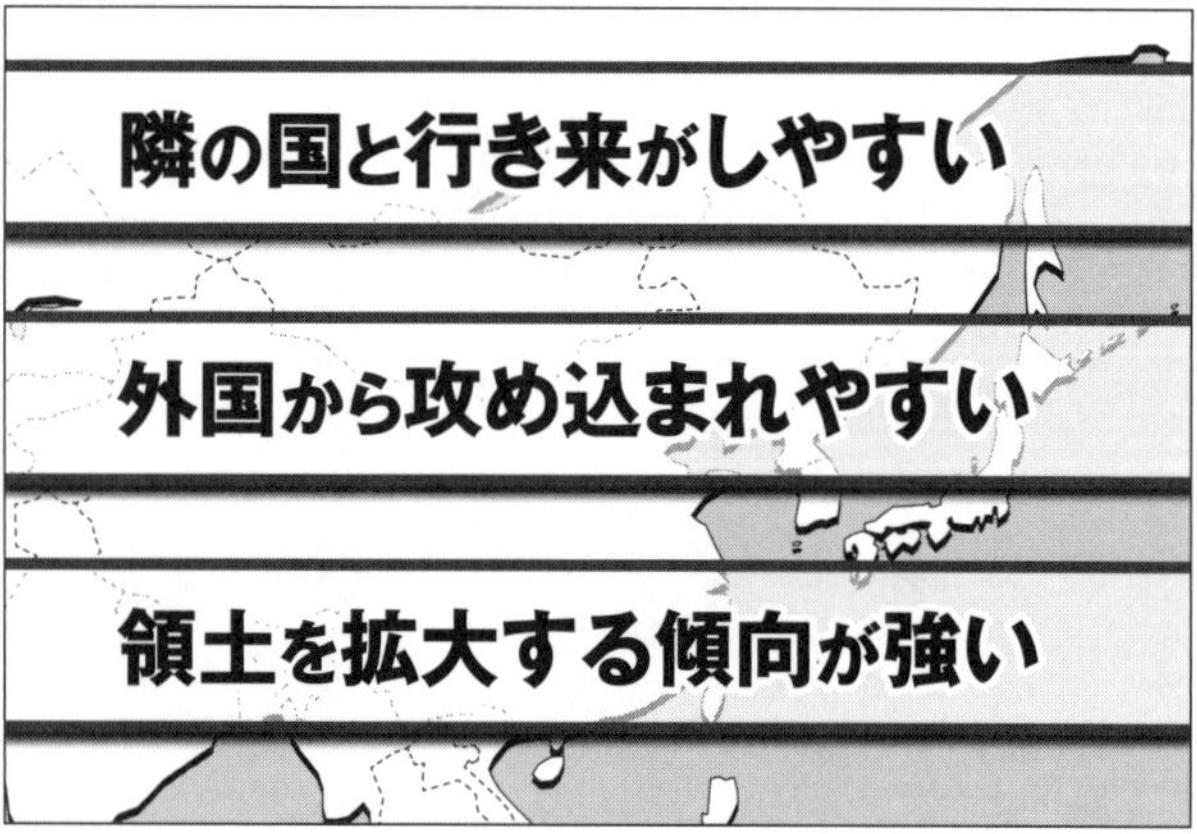
隣の国と行き来がしやすい
外国から攻め込まれやすい
領土を拡大する傾向が強い

ランドパワーの代表格「中国」

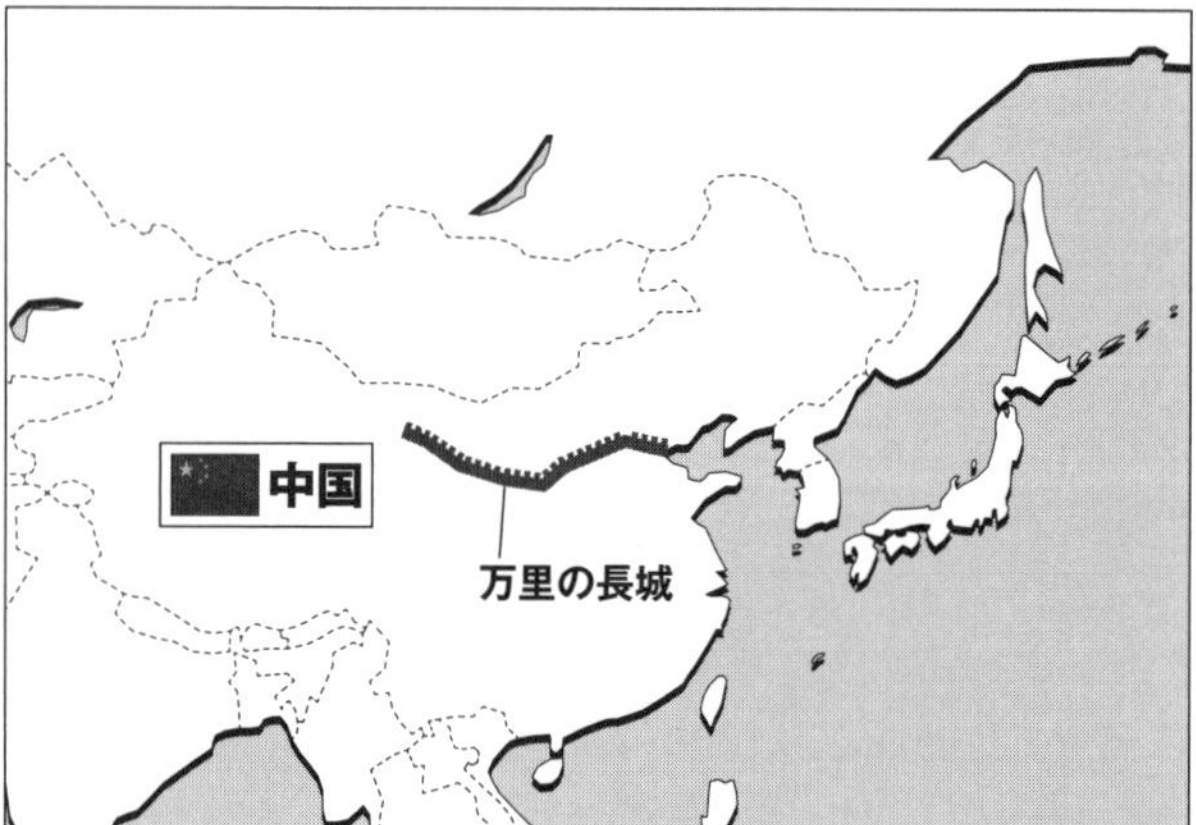
中国
万里の長城

歴史的に見ると、中国はたびたび外敵の侵入を受けてきました。そこで中国が国防のために造ったのが「万里の長城」です。

全長は約6千キロメートル。人類史上最大の建造物といわれ、世界遺産にも登録されています。北方騎馬民族の侵入を防ぐために建設し、14世紀に現在のような形になりました。陸続きの中国では、外国の侵入を防ぐ上で地政学的に非常に重要な建造物だったということがこれでわかります。

中国と並ぶランドパワーの国の代表格はロシアです。世界一の広大な面積を誇り、まさにランドそのもの。そして、国土面積ではるかに劣るドイツも有力なランドパワーの国です。

◉世界の覇権を握るのはシーパワーの国⁉

地政学では、世界の国は必ずシーパワーかランドパワーのどちらかに分類されることになっています。

となると、アメリカはどちらだと思いますか？

アメリカはシーパワーの国

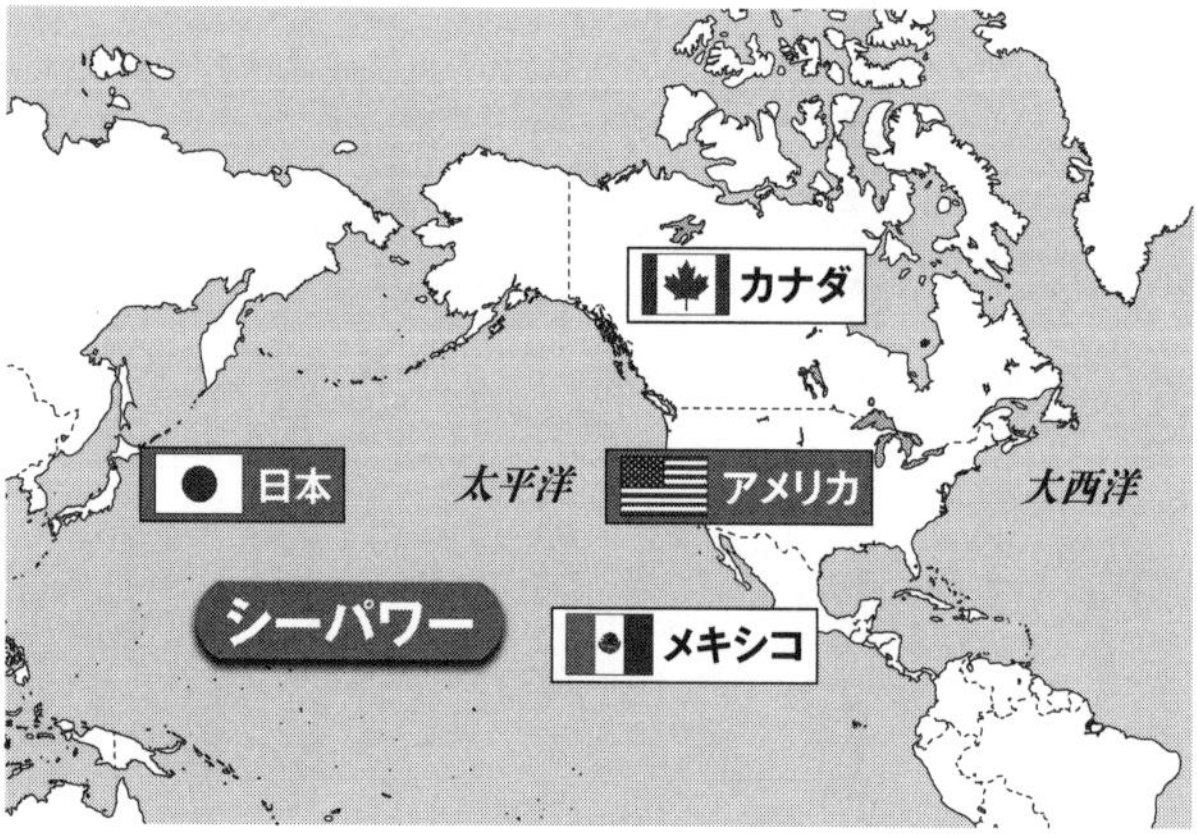

アメリカ大陸と言うくらいですからランドパワーのようにも思えますが、実はシーパワーです。

カナダとメキシコに接してはいても、アメリカは基本的に大西洋と太平洋という大海原に囲まれた国です。ヨーロッパやアジアから遠く離れていて攻められにくく、カナダやメキシコが攻めてくることもないので、海を使って世界と貿易をしていくシーパワーとしての特徴を備えています。

そして現代では、シーパワーの国の方が世界への影響力を持ちやすく、世界の覇権を握りやすいといわれています。

理由は、海に面した国の方が世界では有利だから。シーパワーの国には海上貿易を活用できる利点があるのです。海上貿易とは船を使った貿易のことで、現在、世界中の貿易のうち約90パーセントを海上貿易（重量ベース）が占めるといわれています。

飛行機で運べる量は限られているため、モノを大量に運ぶのに適しているのはやはり大型の貨物船です。技術の発達で人の移動は飛行機が中心になったとはいえ、物流の中心は今でも船。「海を制する者は世界を制する」といわれるのはこのためです。

15世紀から17世紀半ばにかけての大航海時代と呼ばれた頃、スペイン、ポルトガル、オランダなどが発展したのも、海の交易などで利益をあげ、植民地を増やしたからです。その頃から現代までシーパワーの国が世界の覇権を握っているのです。

◉日本が船で輸入するための重要ルート

日本の海上貿易の中で国を支えるのに欠かせないのが原油や天然ガスの輸入です。日本は原油の約98パーセントを中東からの輸入に頼っています（出典：資源エネルギー庁、2022年7月分）。ここまでは誰でも聞いたことがあると思いますが、中東から日本ま

地政学上、重要なマラッカ海峡

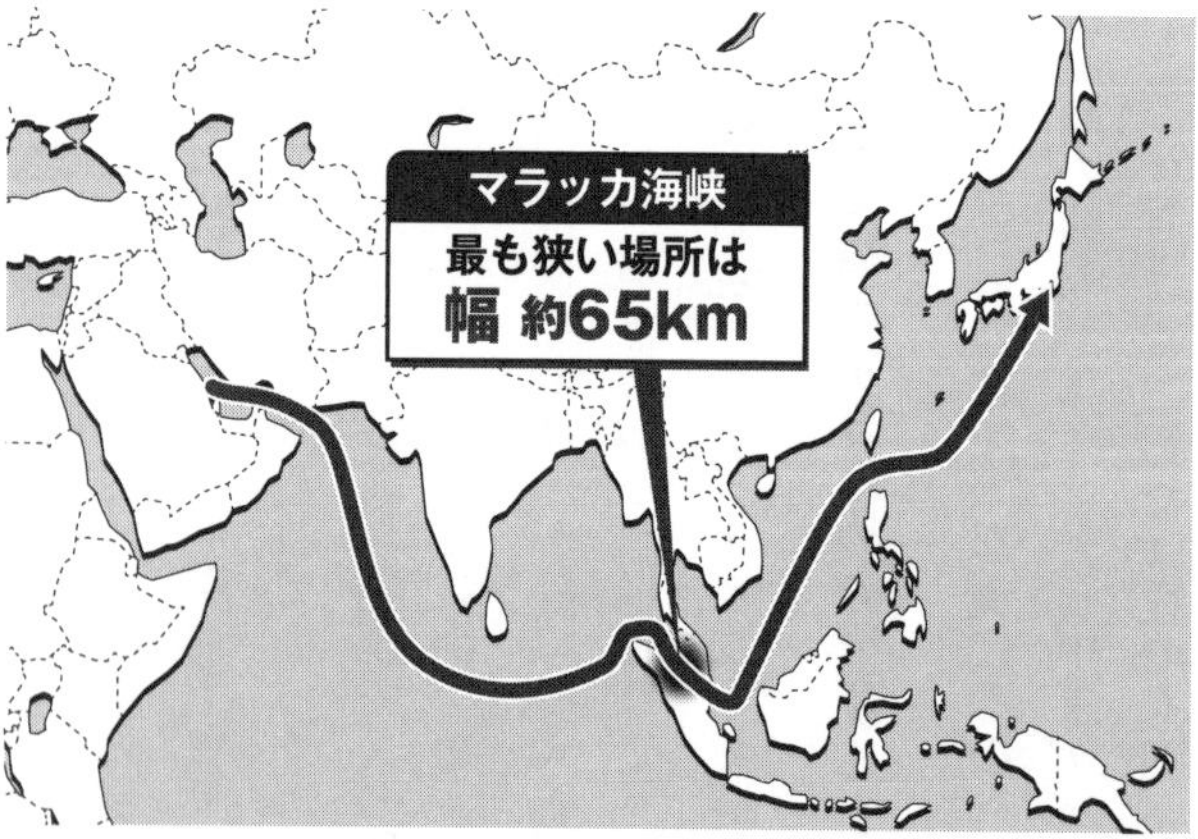

でどういうルートで運ばれてくるかご存じですか。

実はそのルートに地政学上、重要な場所があるのです。

中東のペルシャ湾を出たタンカーは、マラッカ海峡を通って南シナ海に入り、そこから台湾とフィリピンの間のバシー海峡を通って日本に来ます。

マラッカ海峡は、最も狭いところで幅約65キロメートルしかありません。なぜわざわざこんな狭い場所を通るのでしょうか。

理由は単純で、守りやすいからです。海軍の船と違って武装していないタンカーは、常に海賊に襲われるリスクを抱えています。マラッカ海峡も時々海賊が出るのですが、狭いところなので警備がしやすく、比較的安全です。

狭いポイントの方が守りやすく、しかもこのルートが日本までの最短距離だということ。だからどのタンカーもマラッカ海峡を通ってくるのです。

◉「チョークポイント」って何？

このように物流のポイントとなる狭い海域が、主なものだけでも世界に約10カ所あ

世界の主なチョークポイント

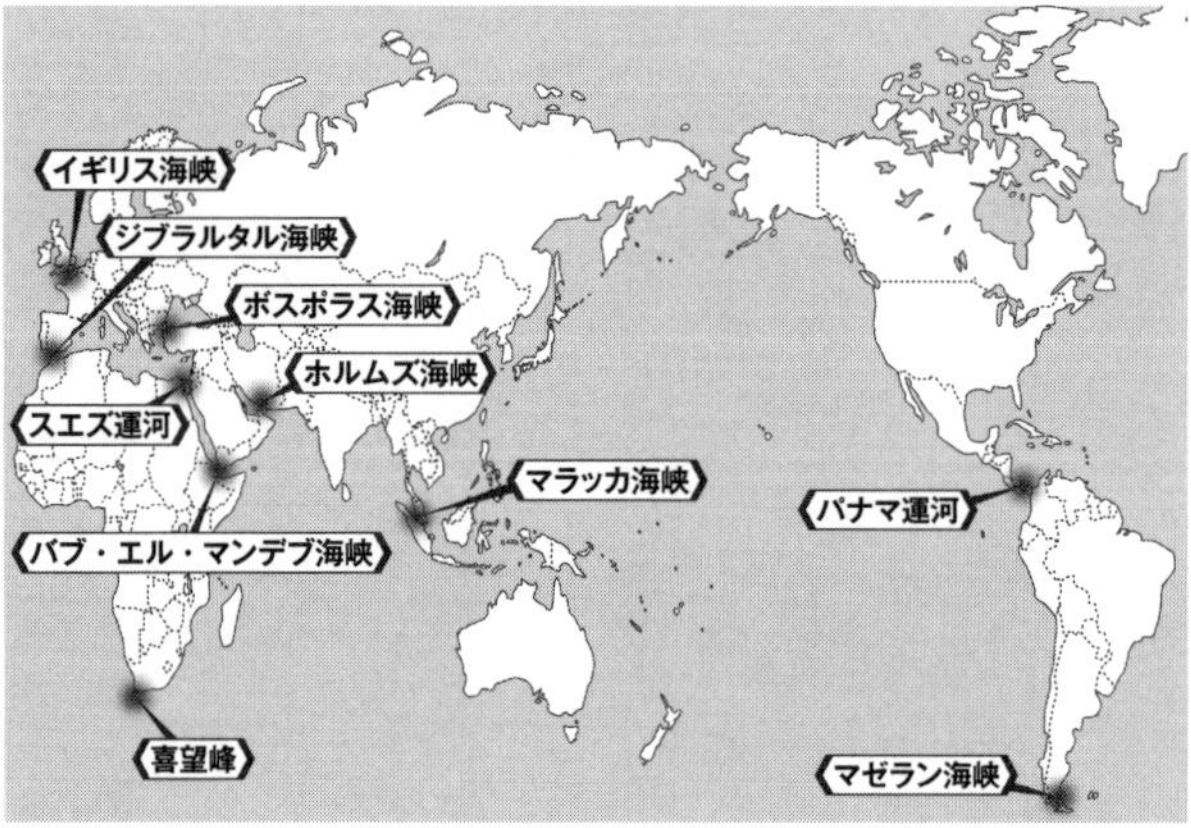

ります。地政学ではその場所を「チョークポイント」と呼び、そこを押さえた国が世界への影響力を持てるとされています。

チョークはどういう意味かわかりますか？

チョークには「絞《し》める」という意味があります。このポイントを絞めておけば、すなわちここの海域を押さえておけば、世界の貿易に影響力を持てるというのでチョークポイントと言い、世界の大国はなんとしてもここを押さえようとするわけです。

中でも有名なのがパナマ運河です。全

長は約80キロメートル。大西洋と太平洋をつなぐ重要な場所のため、アメリカとしてはどうしてもここを押さえたい。ところが、ここはもともと南米コロンビアの一部でした。そこでアメリカはコロンビアからパナマを強引に独立させて（1903年）、ここに親米国家を作り、アメリカ軍を駐留させたのです。

パナマ運河のあるパナマという国は、アメリカの勝手な都合でコロンビアから独立させられてしまった。大国というのはこういうことをやるのですね。

中東に目を向けると、ホルムズ海峡やスエズ運河などがあります。この辺り一帯を押さえておけば、エネルギー資源である原油や天然ガスが不足して困ることはありません。アメリカやイギリスはそうやって世界の覇権を握ってきました。

◉過去の戦争も地政学でよくわかる！

次に、過去の戦争を地政学の観点から振り返ってみましょう。

地理的に海の国と陸地の国は対立する傾向があります。どういうことかというと、シーパワーの国は海を通じて世界に進出していきますが、力のあるランドパワーの国も勢力を拡大しようと陸路で世界に進出します。その結果、二つの勢力はいずれどこかでぶつかることになるのです。

実は、昔から世界の大きな戦争はシーパワーとランドパワーの衝突だったといわれています。

衝突が起きる場所は昔からほぼ決まっていて、ヨーロッパ、中東、アジアが大半を占めます。ヨーロッパなら第一次世界大戦（1914〜18）、中東なら中東戦争（1948〜49、56、67、73）、アジアでは朝鮮戦争（1950〜53）やベトナム戦争（1960〜75）などがそうで、これらの戦争にはシーパワーとランドパワーの衝突という要素があるわけです。

では、なぜ同じ地域で繰り返し戦争が起きるのか？　そこにも地政学上の理由があります。

先ほどのチョークポイントと同じで、そこをいち早く押さえた方が周辺地域に対して強い影響力を持てるという、そういう場所があります。

押さえておきたい場所は、何と言っても平地です。大勢の人が住むことができ、農

衝突が起きる要因が地政学から読み解ける

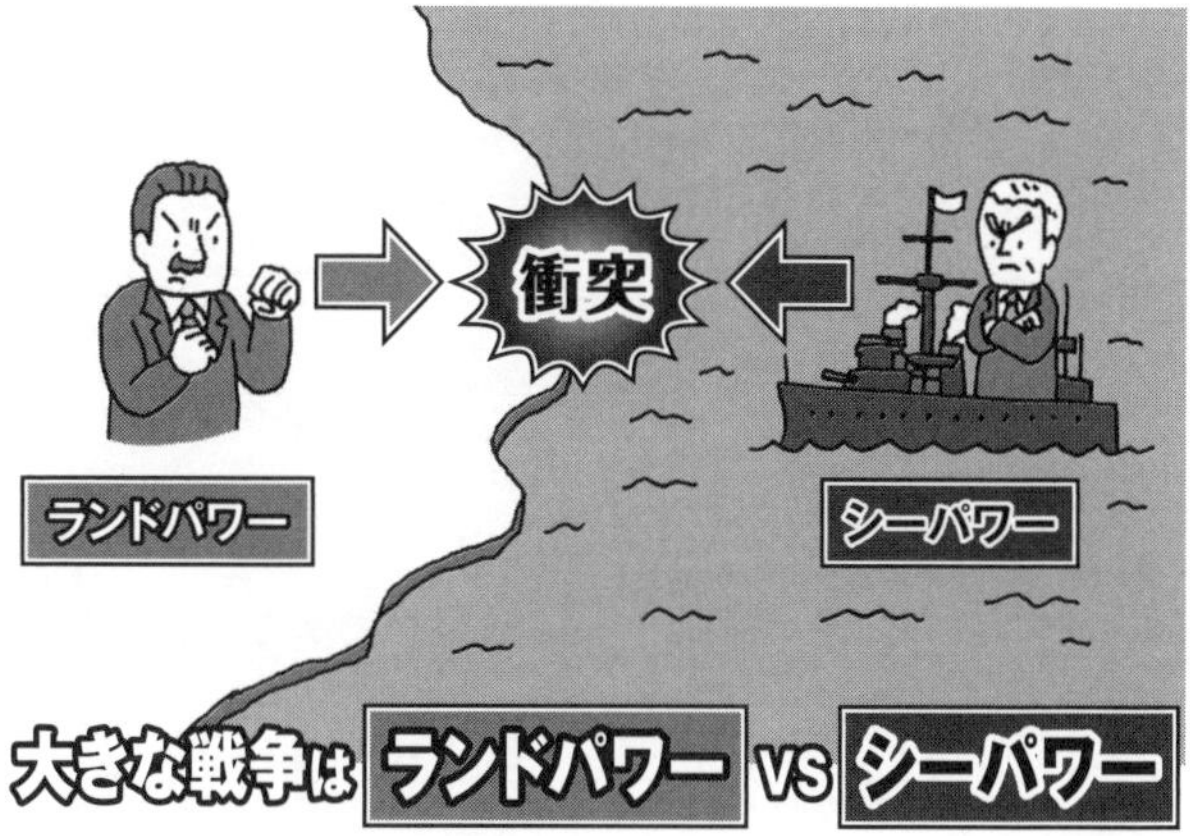

他国から狙われやすい場所の特徴

業にも適しています。海に面していれば、海上貿易を通じてその土地にはないさまざまなモノを手に入れることができます。そのうえ、気候が穏やかなら言うことなしです。

こういう好立地は当然、よその国の目にも魅力的に映ります。どこかの国が先に押さえたとしても、他国から狙われやすい場所でもあるため、平和を保つのはなかなか難しい。もしそこに豊富な資源があれば、その資源を手に入れたいという国が出てきて、これもまた争いの種になるでしょう。

世界でも魅力的な場所は限られている

ディフェンスラインと緩衝《かんしょう》地帯

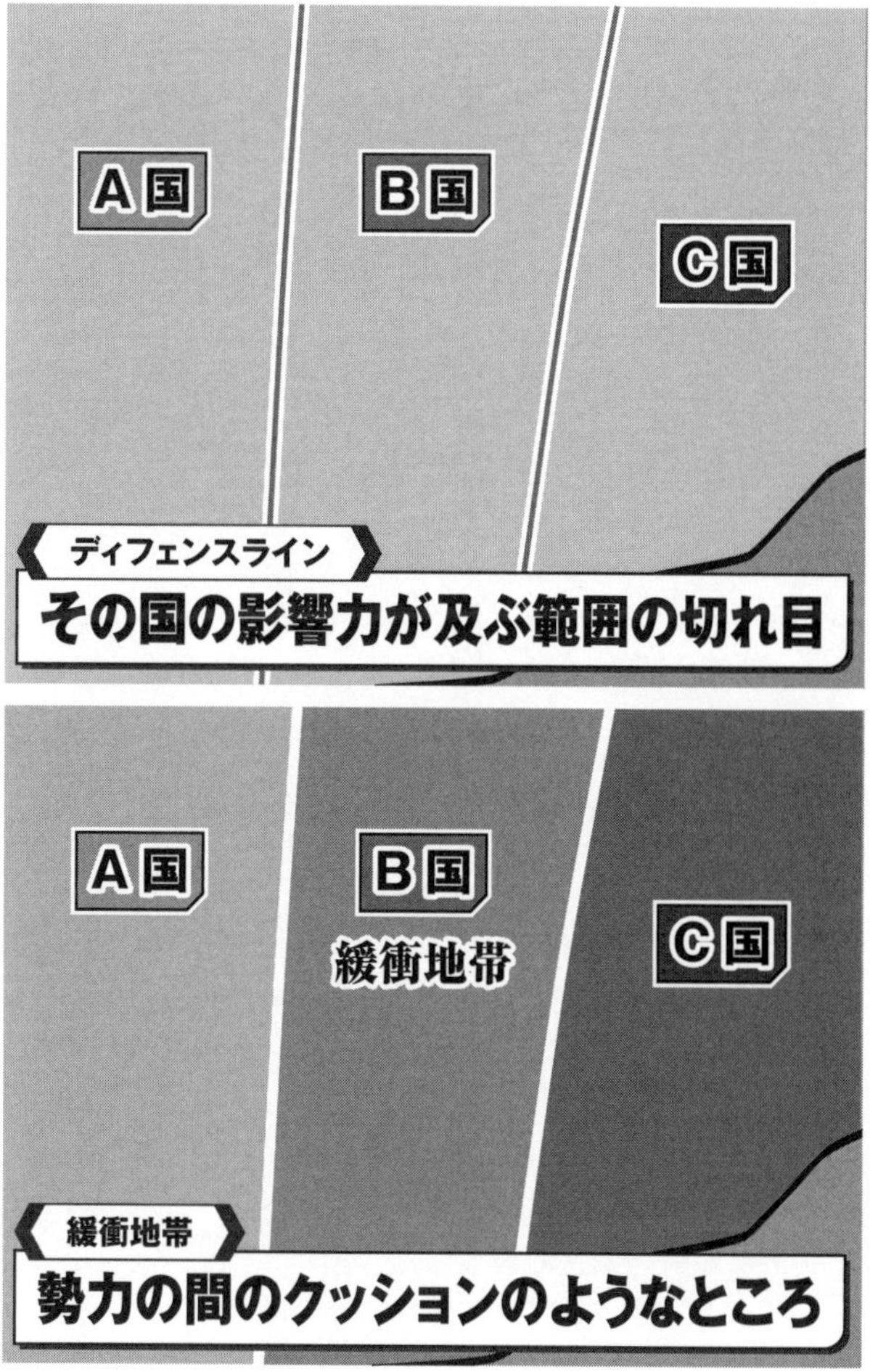

ので必然的に取り合いになるのです。

戦争にまで至らなくても、ある地域を境に力のある国同士がにらみ合うことも多く見られます。この境目にできるのが「ディフェンスライン」や「緩衝《かんしょう》地帯」と呼ばれるものです。

ディフェンスラインとは、その国の影響力が及ぶ範囲の切れ目のこと。緩衝地帯は、複数の勢力が直接ぶつからないように、間にできたクッションのような地域を指します。

以上のような地政学の基本を踏まえて国際情勢を見ると、「なるほど、そうだったのか!!」というポイントが見えてくるはずです。

コラム
1
地図でわかる世界

なんで合衆国？ 連邦の話

●合衆国の由来

アメリカの正式名称はアメリカ合衆国、英語ではUnited States of America ですね。では、ドイツの正式名称は？ 答えはドイツ連邦共和国です。

この合衆国や連邦とはどういうものか、あなたはちゃんと知っていますか。まず合衆国から見ていきましょう。

アメリカの州は英語の state の訳語です。この state には国という意味もあり、ニューヨーク州、ハワイ州など、州の一つ一つは国みたいなものです。それぞれの州ごとに憲法、法律、軍隊があります。ということは、50の国が集まってアメリカ合衆国ができているとも言えるわけです。

でも、なぜ「合州国」と書かずに「合衆国」と書くのでしょうか。

中国が清の時代に、大勢の人が集まってできた国という意味で合衆国という字を当てたといわれています。これを私たちも使っているのです。

●連邦になる主な理由

連邦は、合衆国とほとんど意味は同じです。地図を見ると、世界には州などが集まった国がたくさんあることがわかります。

州は独立した国になることもできるのに、実際には多くの州が合体して一つの国を作っています。その理由は、一つ一つの州は小さいため、まとまったかたまりを作らないと大きな国に対抗できないからです。そこで州が集まって作られたのが連邦です。

ただ、州ごとに人々の考え方が異なり、民族も違うということがあるので、それぞれの独自性を大事にして自治を認めました。そうすることで連邦として一つにまとまろうとしています。

アメリカやオーストラリアは、支配されていたイギリスに対抗するため、それぞれ

主な連邦制の国

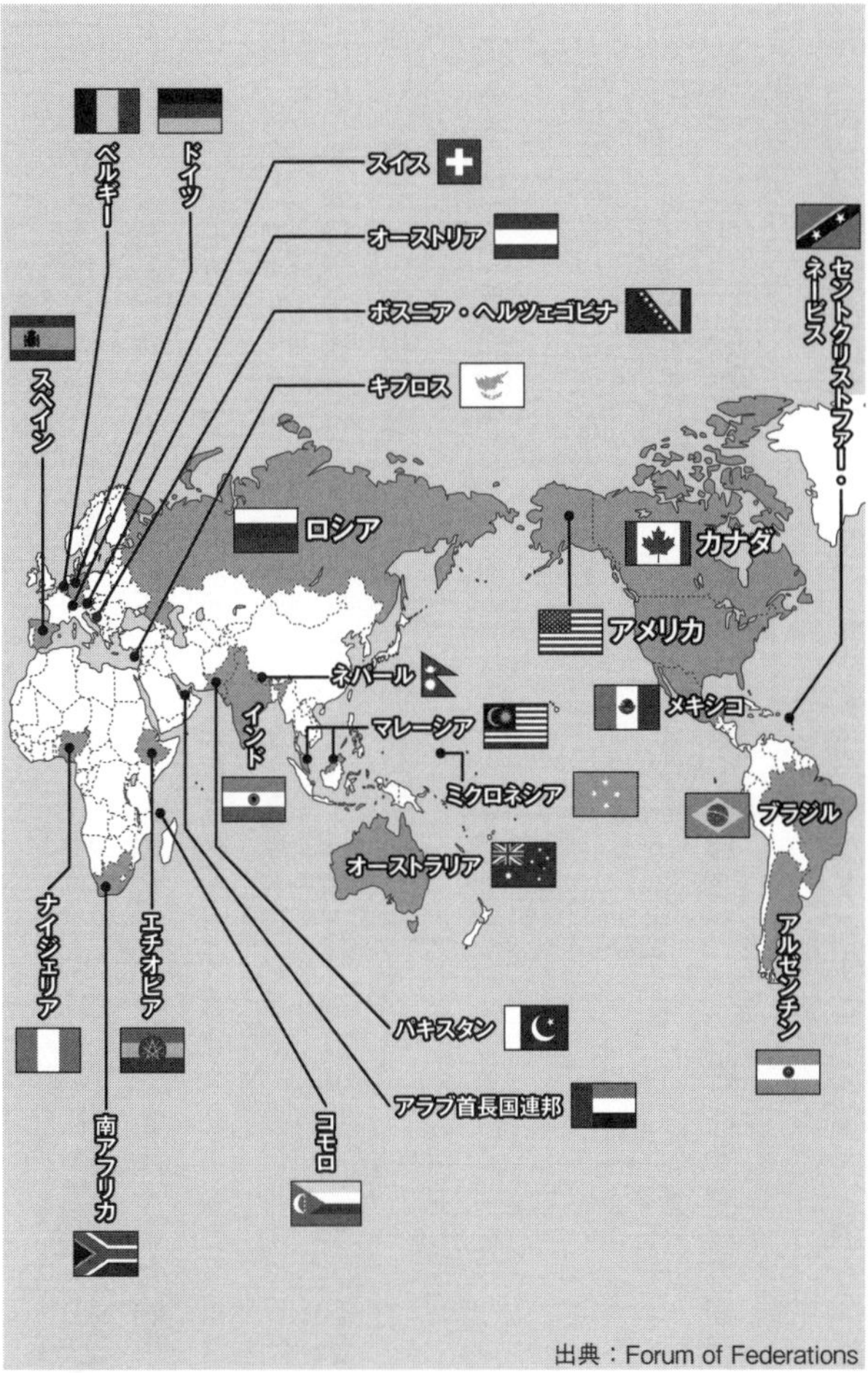

出典：Forum of Federations

の州が協力して一つの国を作りました。

しかし、世界にはたくさんの民族がいますよね。それぞれ言葉や文化は違うけれど、他の国と対抗するために集まることもあります。この場合、一つにまとまるのが簡単ではないという問題が生じ、連邦国家の為政者の頭を悩ませてきました。たとえばスペインは、有名なカタルーニャ州が経済的に豊かで言葉も違います。カタルーニャ州の中心都市バルセロナは観光客が非常に多く、スペイン語よりもカタルーニャ語を話す人が多いのです。こうした事情から独立を求める運動が盛んです。

●オーストラリアの首都は？

連邦の国は首都を決めるのも大変です。

オーストラリアの首都はシドニーだと思っている人がいますが、正しくはキャンベラです。でも、シドニーの方が人口も多くて発展しているのに、なぜキャンベラが首都なんでしょう？

その答えは地図を見ればわかります。キャンベラはシドニーとメルボルンのちょう

なぜオーストラリアの首都はキャンベラなのか？

ど真ん中。シドニー、メルボルン双方が「うちこそ首都にふさわしい」と引っ張り合いをしたので決められませんでした。「じゃあ、真ん中にしよう」ということでキャンベラになったのです。

◉ベルギーの言葉は？

連邦は州が集まっているため、いろいろな言語が使われている国もあります。

典型的なのがベルギーです。ベルギーにはベルギー語はありません。北側がオランダ語圏、南側がフランス語圏、東側がドイツ語圏というように分かれています。

多言語国家「ベルギー」

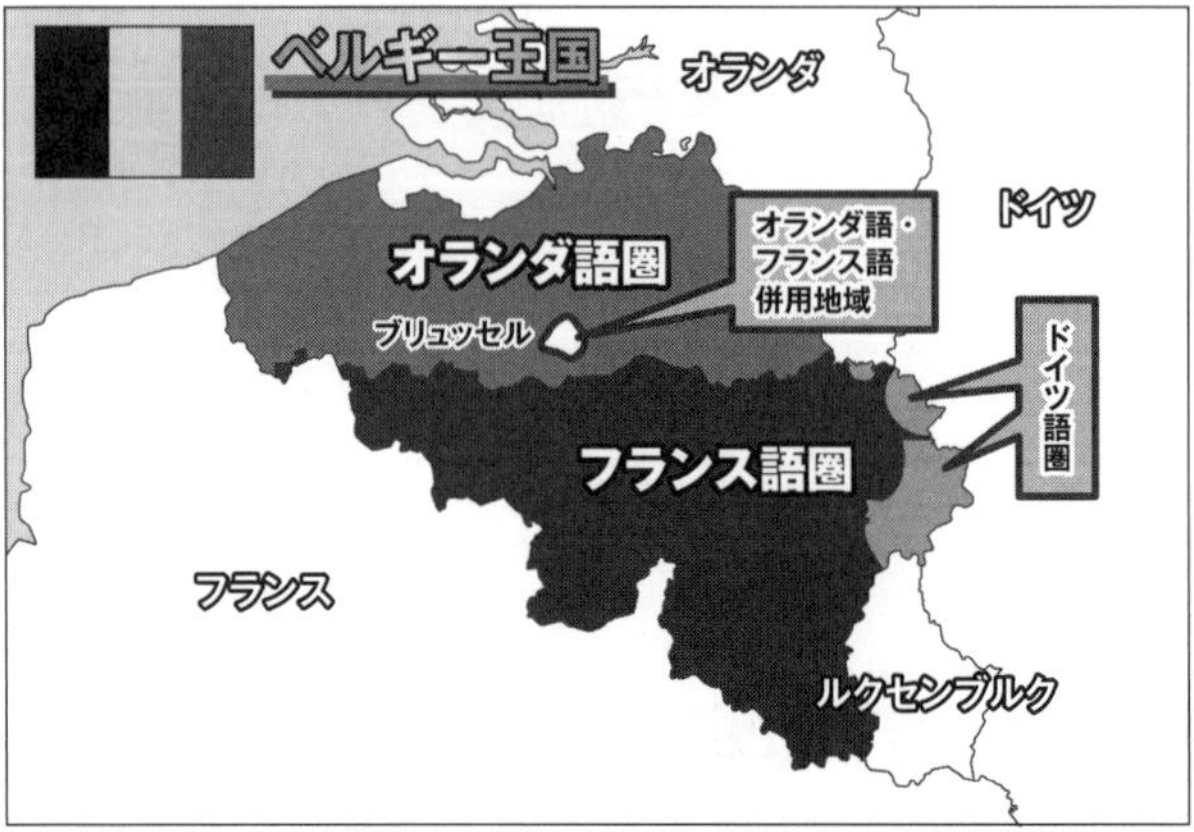

地域によって言葉が違うのでバラバラになりやすいのですが、ベルギーは連邦国家であると同時に王国です。王様がいるのでかろうじて一つにまとまっている。だから王族が北へ行くとオランダ語で挨拶し、南へ行くとフランス語、東ではドイツ語で挨拶します。そうやって何とか国をまとめているわけです。

ベルギーはいろいろな言葉を話す人たちが一緒になって国を作っていることから、まるでEU（欧州連合）の象徴のようなところだということで、首都ブリュッセルにEUの本部が置かれました。

第2章

geopolitics

地政学で「ロシアのウクライナ侵攻」を読み解く

――注目すべきはヨーロッパのディフェンスライン

◉冷戦時代に続いたソ連と西の同盟の勢力争い

ロシアはなぜウクライナに侵攻したのか？　地政学に基づいてその理由を考えてみましょう。

以前からロシア、あるいはその前のソ連は、ヨーロッパ各国が連携するある同盟と勢力争いをしていました。

ソ連に対抗するためにヨーロッパの国々が連携した軍事同盟、これがＮＡＴＯ（北大西洋条約機構）です。ヨーロッパの原加盟国はベルギー、オランダ、デンマーク、ルクセンブルク、フランス、イギリス、ノルウェー、イタリアなど。これらに北米のカナダ、アメリカを加えた12カ国で１９４９年に発足しました。みんなでまとまらないとソ連に対抗できないと考えたのです。

このＮＡＴＯとソ連が激しく対立したのが東西冷戦で、１９８９年まで続きました。冷戦時代は東ヨーロッパの西側がディフェンスラインになっていました。当時のドイツは東ドイツと西ドイツに分かれていて、東ドイツは東ヨーロッパに含まれます。

ソ連時代の緩衝地帯

したがって、正確にいうと西ドイツと東ヨーロッパの境目あたりがディフェンスラインでした。

そして東ヨーロッパや北欧のスウェーデン、フィンランドが緩衝地帯です。

緩衝地帯にも2種類あり、たとえば東ドイツ、ポーランド、チェコスロバキア、ハンガリーなどはソ連の言うことをよく聞く国でしたから、ソ連にすれば緩衝地帯になるわけです。

一方で、自分から緩衝地帯になりたいと考えたのが、スイス、オーストリアの永世中立国と北欧のフィンランド、スウェーデンです。ここはあえてNATOに加盟しませんでした。「ソ連とは対立しないから、私たちの国に攻めてこないでくださいね」と自ら緩衝地帯になっていました。

こういった国々のおかげで、ソ連はNATO諸国と直接ぶつからなくて済んだのです。

●ソ連崩壊後、ディフェンスラインが東へ動いた

ところが、このディフェンスラインや緩衝地帯が冷戦終結（1989年12月）とソ連崩壊（1991年12月）で大きく変わることになります。

1990年には、分裂していた東ドイツと西ドイツが統一され、それまでの西ドイツに代わって統一ドイツがNATO加盟国になりました。

ソ連がロシアになると、特に東ヨーロッパの国々がロシアから離れたいということでNATOに入っていきます。

1999年にポーランド、チェコ、ハンガリーがNATOに加盟し、2004年にはスロバキア、スロベニア、ルーマニア、ブルガリア、バルト三国（エストニア、ラ

ソ連崩壊後、ディフェンスラインが東へ移動

トビア、リトアニア）が加盟しました。

こうやって東ヨーロッパ諸国が次々にNATOに入っていくということは、ロシアとNATOのディフェンスラインが、それまでよりもずっと東に移るということです。ロシアとすれば、ディフェンスラインがぐっと自分の方に近づいてきた、というわけです。

ロシアの影響力の及ぶ範囲がどんどん狭くなっている。自分の国が攻められやすくなっている。このようにロシアは受け止めました。

◉「ウクライナのNATO加盟は認められない」

2009年にクロアチアとアルバニアがNATOに入り、NATO加盟国はソ連崩壊前の16カ国から28カ国に増えました。その後も加盟は続き、2020年の時点で30カ国になっています。この状況で現実味を帯びてきたのがウクライナのNATO加盟です。

ロシアにしてみれば、ウクライナはあくまで緩衝地帯であり、もともとロシアの仲間だと思っていたのに、NATOに入るかもしれないとなると、これはもう見過ごすわけにはいきません。「敵方に移ろうとしているのか、裏切り者だ」と考えるようになります。

あるいは、ロシアとウクライナは国境を接していますから、ウクライナがNATOに入ってしまうとロシアがNATOの国と国境を接することになります。緩衝地帯がなくなってしまい、ディフェンスラインがさらに東へシフトしてロシアの国境まで迫ってくるのです。

「これはロシアにとって死活問題だ。何とかしなければ」とプーチン大統領は考えました。

ウクライナがロシアの言うことを聞くようにしておきたい、ウクライナに影響力を持ち続けたい。そこでウクライナ侵攻に踏み切った。侵攻の理由はいくつもありますが、大きな理由は、こういう地政学的な状況からロシアはウクライナに軍事侵攻したんだということです。

◉内陸国のロシアは海路を確保したい

ロシアのウクライナ侵攻には、他にも地政学上の理由があります。

ロシアという国はとにかく領土が広い。面積は世界一でも、東部のシベリアは極寒の地で北側は北極圏です。実はロシアの国土の約7割は寒すぎて人が住めないのです。

そうなると南の暖かい土地が恋しくなります。ロシアに伝統的に南へ行きたいという思いがあるのも、厳しい自然環境を考えれば不思議なことではありません。その南へ進出する上で非常に重要なところが黒海です。

「海路を確保したい」ロシアの狙い

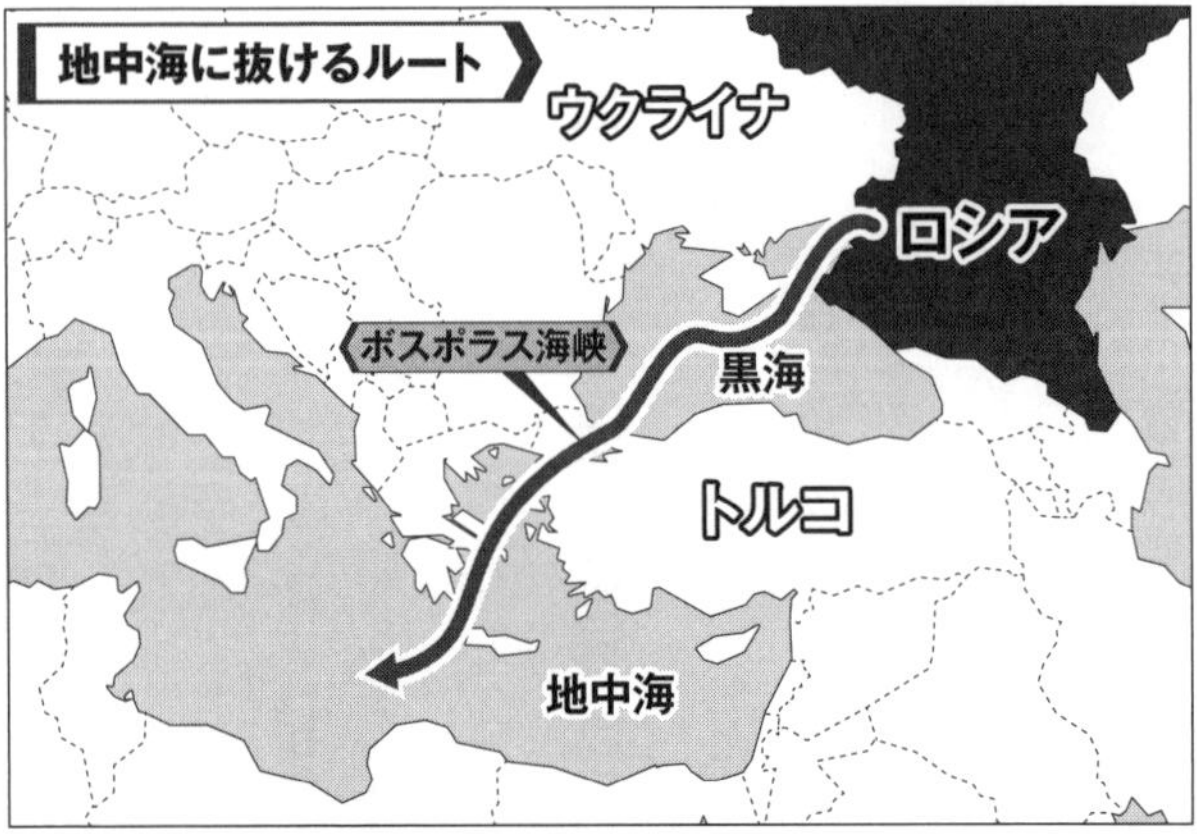

ロシアとしては、黒海から外洋に出られるように地中海へ抜けるルートを確保しておきたい。このルートを確保できれば、ボスポラス海峡を通って地中海へ抜けてさらに大西洋に出ることができます。

黒海沿岸は暖かく、冬でも海面が凍らないことから、一年中いつでも航行できるのは魅力です。だからこそロシアには、何としてもここを押さえたいという思いがありました。そのためにはウクライナの影響を受けずに黒海を航行できるようにしたい。この狙いがロシアの制圧した地域に表れています。

次ページの上の地図は2022年9月

ロシアが制圧しているエリア（22年9月5日時点）

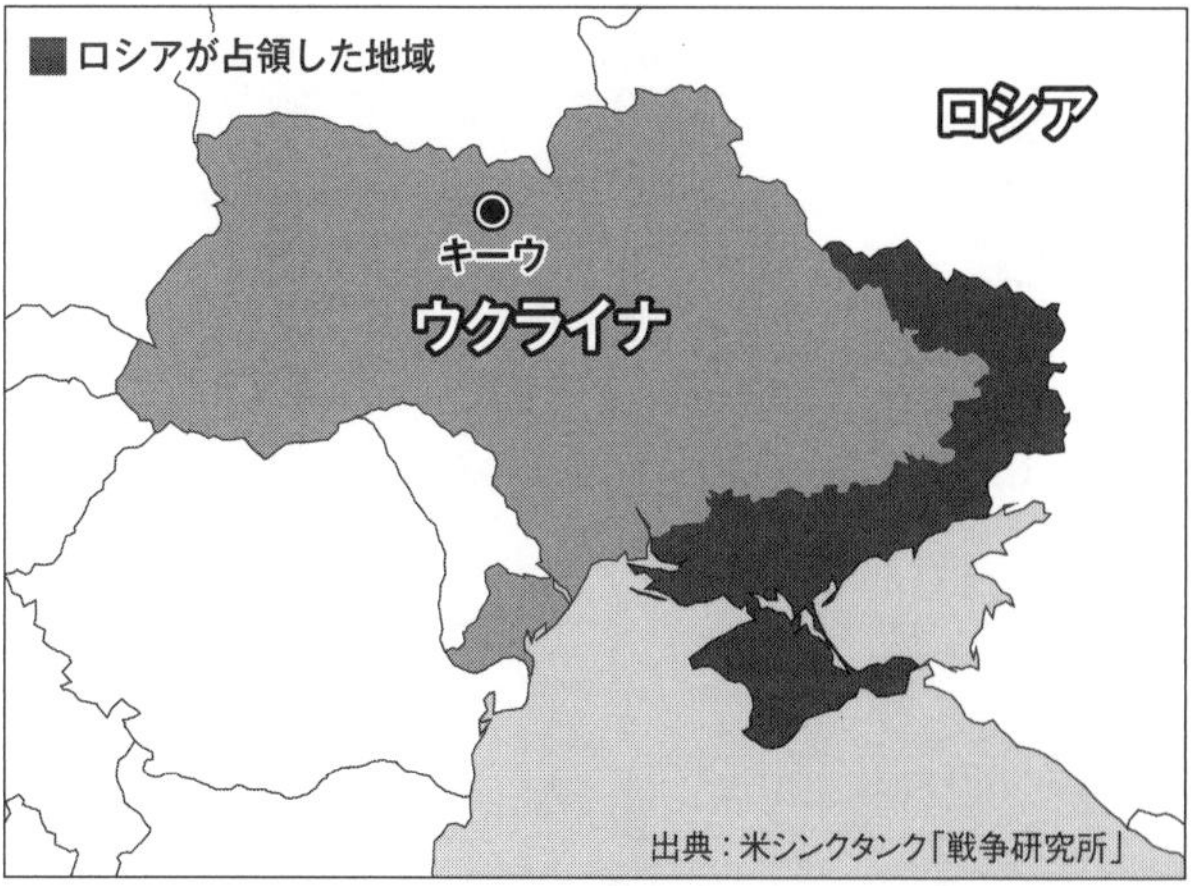

5日時点でロシアが占領した地域を示したものです。ロシアは、この東部から南部にかけての占領地域をさらに西側につなげて、すべての沿岸部を占領しようと考えていました。

この目的を達成すれば、ロシアはいつでも黒海から大西洋に出ていくことができるわけです。

また、この南部一帯を占領すると、ウクライナは否応なしに内陸国になります。海への出口がなくなるのです。海が使えない内陸国は貿易が難しくなり、小麦やトウモロコシの輸出は大幅に減るでしょう。農業国なのに思うように輸出ができなければ、ウクライナの国力は必然的に弱くなります。

そうやってウクライナの国力を弱体化させて、ロシアの言うことを聞く国にしてしまおうというのが、プーチン大統領の狙いです。

◉なぜ戦争が長期化しているのか？

ウクライナは2022年9月に東部や南部で大攻勢をかけて領土の一部を取り返し

ています。この時はロシア軍が多くの戦車や砲弾を残したまま慌《あわ》てて撤退したため、大きなニュースになりました。

これに対してロシアは、ずるずると後退することを恐れたのか、東部・南部の4州で住民投票を行い、9月30日、一方的に4州を併合しました。ルハンシク州、ドネツク州、ザポリージャ州、ヘルソン州の4州です。併合したといっても、ロシアが4州の全域を支配下に置いたわけではありません。ウクライナが支配している地域もかなりあるのに、それを無視して4州の行政区域をすべて併合すると宣言したのです。

もちろん、これは国際法に違反する行為であり、ウクライナも国際社会も認めていません。

ウクライナ軍はその後も進撃を続け、11月には南部のヘルソン州でドニプロ川西岸にある州都ヘルソンを奪還し、ロシア軍を東岸へと押し戻しました。何度か無人機を使ってロシア国内の基地への攻撃も行いました。

ウクライナでは今も非常に激しい戦争が続いています。膠着《こうちゃく》状態の中でロシア軍の兵士もウクライナ軍の兵士も毎日多数死んでいる状態です。

ウクライナ軍がヘルソンを奪還

※22年12月1日時点
出典：2022 Institute for the Study of War and AEI's Critical Threats Project

ロシアとすれば、簡単に降伏させられると思ってやってみたらそうはなりませんでした。ウクライナの人たちがここまで頑強に抵抗するとは予想していなかったはずです。

またアメリカを中心に欧米からウクライナへ大量の武器が供給されていること、しかもそれが途切れることなく続いていることも、ロシアにとっては計算外でした。

その結果、膠着状態に陥っているのです。

◉即効性はなかった米欧日の経済制裁

もう一つ重要なポイントは、ロシアに対する経済制裁の影響です。

ロシアがウクライナに侵攻して以来、欧米や日本は数次にわたってロシアに経済制裁を科してきました。

資源大国のアメリカは、原油、石油精製品、LNG（液化天然ガス）、石炭のロシアからの輸入を即座に禁止。エネルギー資源をロシアに頼るEU諸国は、原油や天然ガスの輸入を徐々に削減してきました。日本も米欧と足並みを揃え、石炭の輸入は段階的に減らし、原油については原則禁輸を表明しました（禁輸時期は定めず、様子を見ながら徐々に減らす方針）。

資産凍結《とうけつ》も行っています。プーチン大統領をはじめとするロシア政府要人や「オリガルヒ」と呼ばれる政権寄りの大富豪たちの海外資産を凍結して、引き出せないようにしたのです。

中でもカナダは強硬で、凍結した資産を没収する法律を作り、ウクライナの復興や損害賠償のために使えるようにしました。ＥＵは、没収まではしない代わりに凍結した資産を運用し、運用益を復興や賠償資金に使うという案を検討しています。

当初、ロシア経済に大打撃を与えると考えられたのが、ＳＷＩＦＴ（スイフト）という国際的な金融決済ネットワークからのロシアの銀行の切り離しです。このネットワークから排除されると、ロシアの銀行は海外の銀行と円滑な取引ができなくなり、事実上、輸出入はストップします。

しかし、切り離しの直後こそロシアの通貨ルーブルは急落し、ルーブル安になったものの、すぐに元に戻ってしまいました。

これにはいくつか理由があります。一つには、ロシアの銀行を国際的ネットワークから排除するといっても、ＥＵが依然としてロシア産原油や天然ガスを輸入している以上、ロシアのすべての銀行を排除するわけにはいきません。一部の銀行との取引は従来通りとしたため、ここが抜け道になってしまったのです。

経済制裁は、ロシアに戦争をやめさせ、一刻も早くウクライナから撤退させるのが目的でした。本来、経済制裁は国連の安全保障理事会が決定し、すべての国連加盟国はそれに従う義務があります。ところが、ウクライナ侵攻に関しては、侵略した張本人のロシアが安全保障理事会の常任理事国であるため、ロシアが反対すれば国連は経済制裁を決定することができません。

やむを得ずG7（アメリカ、イギリス、カナダ、フランス、ドイツ、イタリア、日本）やヨーロッパ諸国が中心となって有志国を募り、対ロ制裁を行っているのが現状です。

ただでさえ抜け道がある上に、制裁に反対する国、傍観する国も多く、結果として経済制裁の効果は限定的なものにとどまりました。

◉ロシア軍は半導体不足で弱体化した！

では、全く効果がなかったかというと、そんなことはありません。即効性はなくてもじわじわと影響を与えており、中長期的にはロシア経済を冷え込ませることは確かです。

また米欧日などによる半導体の輸出禁止は、ロシアの軍事力に打撃を与えました。

半導体は「産業のコメ」とも呼ばれ、現代の先端産業に必須の物質ですが、実は戦車、戦闘機、ミサイルなど軍事の分野でも広く使われています。

ところで、そもそも半導体とは何でしょうか？

半導体とは、文字通り、半分導体です。電気を通しやすいものを導体といいますね。これに対して電気をほとんど通さないものを絶縁体といいます。その中間の性質を持ち、条件によって電気を通したり通さなかったりする物質。だから半分導体で半導体というのです。

その性質を利用して、半導体は自動車やゲーム機、パソコン、スマートフォン、家電など多くのデジタル製品に欠かせないものとなっています。コロナ禍の人手不足などで世界的な供給不足に陥り、そこにウクライナ問題が追い打ちをかけてさらに品薄になりました。日本でも、「新車を買おうとしても納車まで半年以上かかる」という声をよく耳にします。

ウクライナ問題がなぜ関係するかというと、ウクライナは半導体を作るのに必要な希少ガス、レアな種類のガスの産出国で、世界の7割を占めているからです。そのガ

そもそも半導体とは何か？

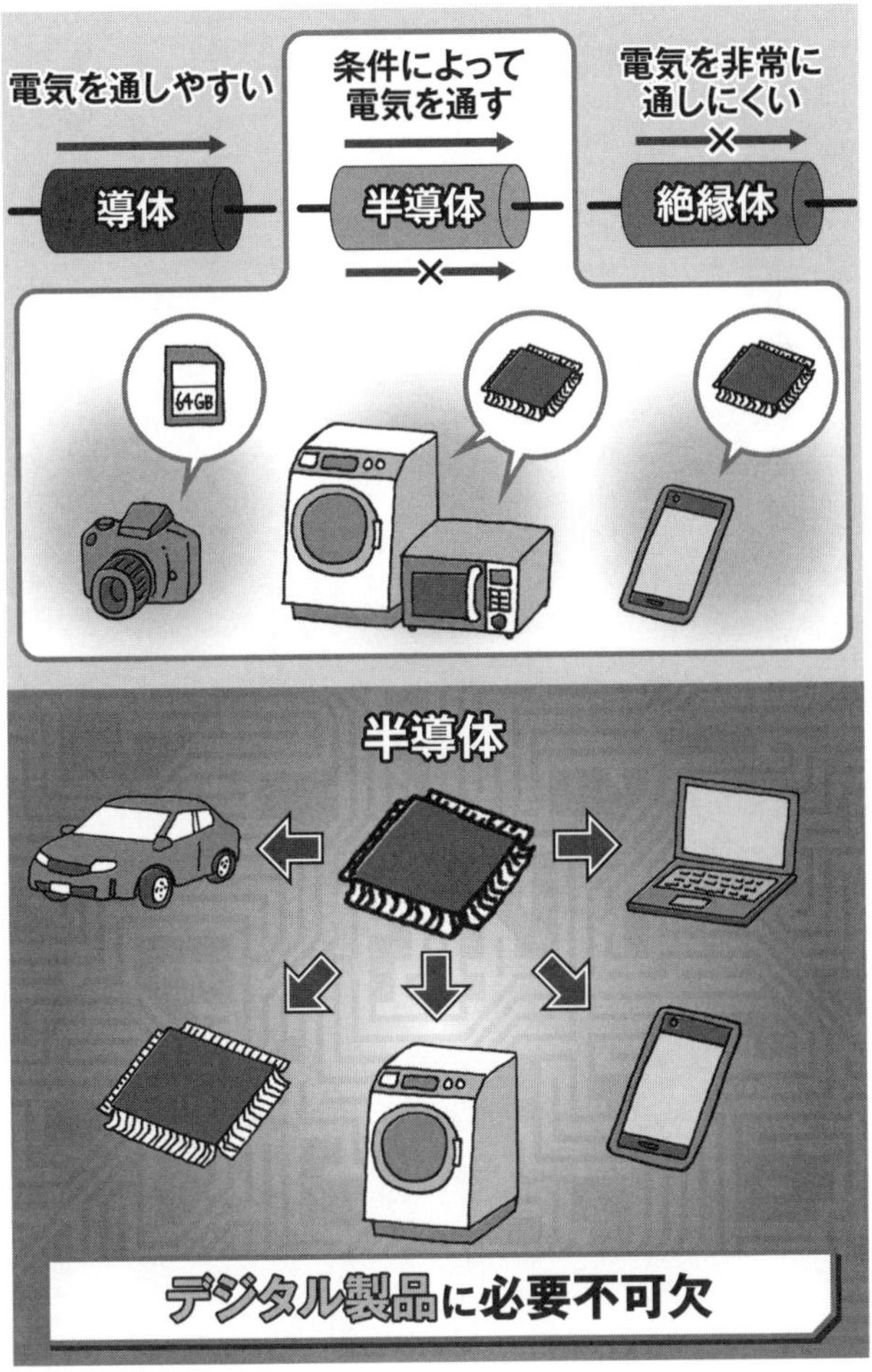

スが手に入らなければ半導体は作れません。実際、戦争の影響で希少ガスの入手が難しくなり、半導体不足がより深刻になりました。

このような状況で実行されたロシアへの半導体の輸出禁止は、ロシアの軍需産業に大打撃を与えたと考えられます。

ロシアには高品質の半導体を自前で製造する能力はなく、これまで海外からの輸入に頼ってきました。その輸入ができなくなることは、ロシア軍にとっては重大な問題です。

2022年6月末、アメリカのレモンド商務長官は、アメリカと同盟国が輸出規制を行った結果、世界のロシア向け半導体輸出は90パーセント減少したと発表しました。

(出典：ロイター)

半導体不足のおかげでロシアでは戦車や戦闘機、ミサイルなどの製造や補修が滞《とどこお》り、在庫が不足しているようです。ロシア軍はウクライナ全土に絶え間なくミサイル攻撃を行っていますが、軍事目標やインフラ施設だけでなく、民間の住宅、学校、商業施設なども無差別に攻撃しています。これは精密誘導ミサイルが枯渇《こかつ》し、ミサイルと名のつくものを手当たり次第撃ち込んでいるからではないか、という見方も出ています。しかし、それもいずれ枯渇する可能性があります。

このように経済制裁はロシア軍の戦力ダウンをもたらしました。これもまたウクライナ軍が善戦している要因の一つです。

コラム 2 地図でわかる世界

イギリス──元植民地が集まっている

●四つの違う国が集まった国

日本と同じ島国のイギリス。イギリスは国の名前ではないということはご存じですね。

正式名称は、グレートブリテン及び北アイルランド連合王国です。2022年9月にエリザベス女王が亡くなりましたが、王様がいるので王国、しかも連合王国です。合衆国や連邦ではないのに四つの国が集まっていて、でも政治制度は一つという珍しい国です。

次ページのイラストを見てください。三つの国の旗を合わせるとイギリスの国旗になります。

イギリスは4つの国が集まった連合王国

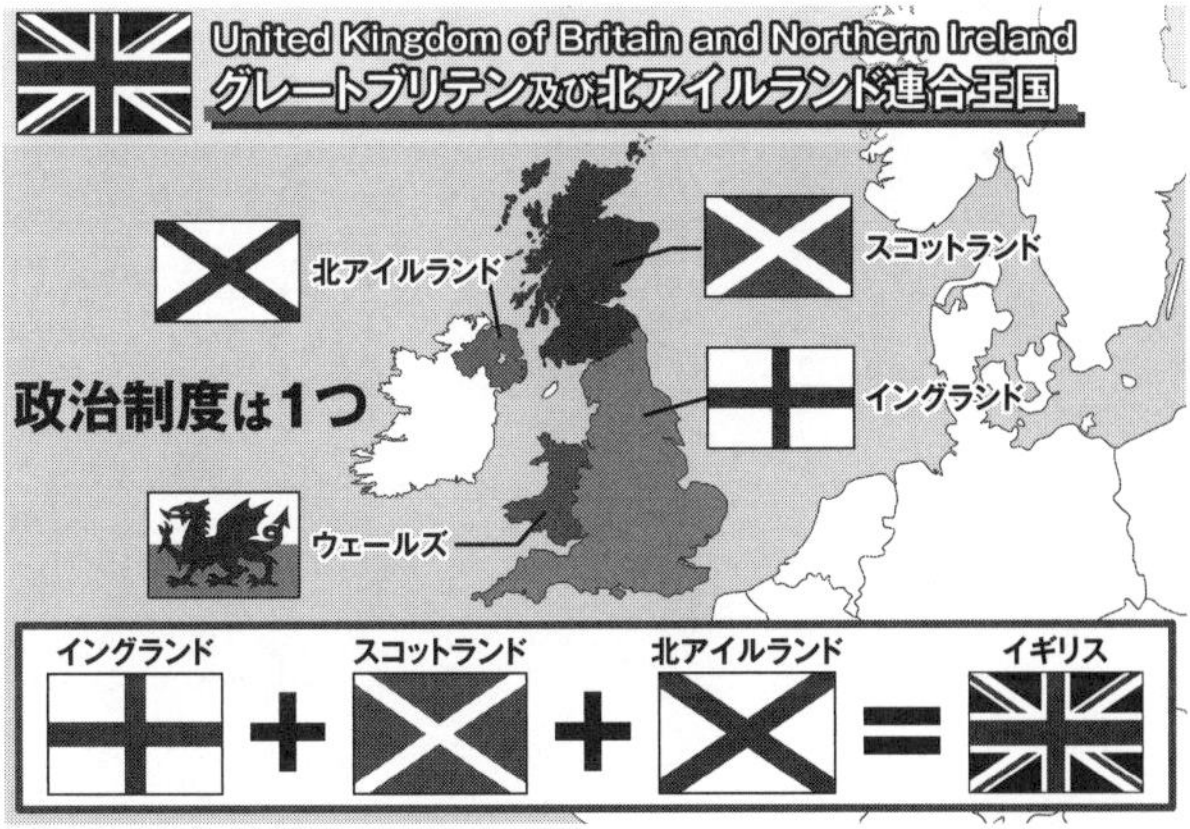

「イングランド＋スコットランド＋北アイルランド＝イギリス」

ウェールズは、早くイングランドに吸収合併されたため、ここには入っていません。

2022年のサッカーワールドカップでは、イングランド代表とウェールズ代表が対戦して話題になりました。同じイギリスなのになぜ代表チームが複数あるのかと不思議に思った人は多いはず。これは1904年にFIFA（国際サッカー連盟）が創設される前に、既に四つの国にサッカー協会があったからです。それぞれ代表として認めるべきだと要求して、受け入れられたという経緯があります。

みんな自分の国に強い愛着があるため、イングランドとスコットランドは仲が悪いとか、実はそういうことがあります。スコットランドでは独立運動も盛んです。ですから、「Are you an English?」と聞いたらダメなのです。「あなたはイングランド人ですか」という意味なので、スコットランドの人は怒り出すかもしれません。

イギリス人はブリティッシュ（British）、国名を言うときは、United Kingdomもしくは略してUKです。

●イギリスの国旗が入った世界の国々

イギリスの国旗はユニオンジャックともいわれ、このデザインを国旗に入れている国は結構あります。

代表的なのがオーストラリアとニュージーランドで、両国とも昔はイギリスの植民地でした。しかし、それだけの理由で今も国旗に入れているわけではありません。他にも理由があります。

イギリス国王を君主とする地域

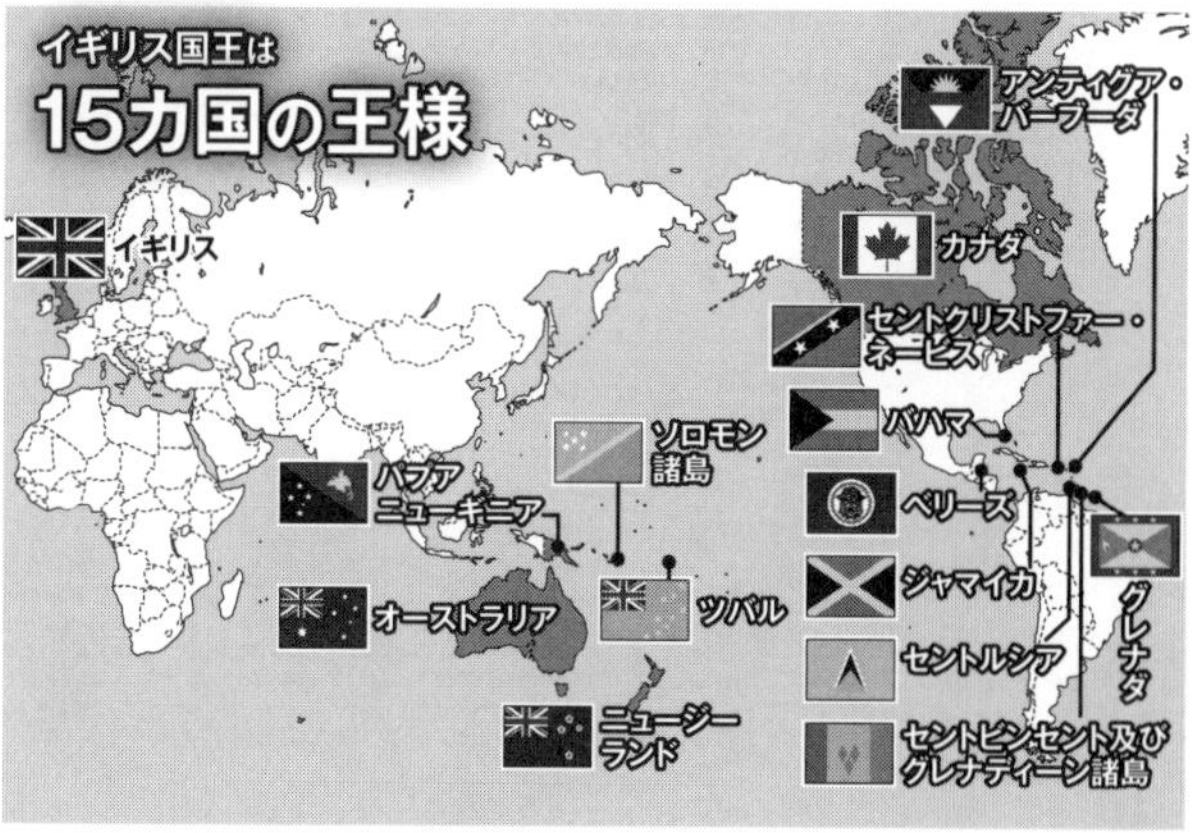

オーストラリアのトップ、ニュージーランドのトップは誰でしょう？

チャールズ国王ですね。イギリスの国王がオーストラリアの国王でもあり、ニュージーランドの国王でもある、というわけです。

形式上ではあるものの、イギリスの国王は、イギリスを含めて15カ国の王様でもあるのです。

ただ、中には「イギリスの国王をいつまでわが国の国王に戴《いただ》いているんだ。そろそろ離脱しようじゃないか」と考えている国もあります。

◉56カ国も加盟するイギリス連邦

日本ではあまり知られていませんが、イギリス国王を国家元首にしなくても加盟できるのがイギリス連邦です。

元植民地以外の国も入れて全部で56カ国がイギリス連邦という仲良しグループを作っています。このグループでは親交を深めるため、4年に一度、コモンウェルスゲームズと呼ばれる一大スポーツ大会を開催します。最近では2022年7月末から8月上旬に開催されました。

代表的な種目はイギリスの伝統的なスポーツ、クリケット。他に7人制ラグビーや陸上競技、競泳、卓球、ボクシング、バドミントン、柔道など盛りだくさんです。

面白いのは聖火リレーならぬクイーンズ・バトン・リレーです。エリザベス女王が元気な頃は、エリザベス女王のメッセージを入れた手紙を持って、これをリレーしていくというイベントでした。今後はキングズ・バトン・リレーに名前が変わるのでしょうか。

イギリス連邦56（順不同）

イギリス	南アフリカ	モーリシャス	フィジー
マルタ	ウガンダ	ブルネイ	カナダ
キプロス	ケニア	シンガポール	アンティグア・バーブーダ
ガンビア	タンザニア	マレーシア	セントクリストファー・ネービス
シエラレオネ	ルワンダ	パプアニューギニア	バハマ
ナイジェリア	マラウイ	ナウル	ドミニカ国
ガーナ	モザンビーク	ソロモン諸島	ベリーズ
トーゴ	エスワティニ	バヌアツ	ジャマイカ
カメルーン	パキスタン	トンガ	セントルシア
ガボン	バングラデシュ	オーストラリア	バルバドス
ザンビア	インド	ニュージーランド	グレナダ
ナミビア	スリランカ	キリバス	ガイアナ
ボツワナ	モルディブ	ツバル	トリニダード・トバゴ
レソト	セーシェル	サモア	セントビンセント及びグレナディーン諸島

出典：英国連邦公式HP

加盟国のメリットは、ビザの免除や貿易の面での優遇などです。イギリスの方も、それぞれの国から優秀な人を受け入れて、イギリスで大学教育を受けさせたりしています。中にはすっかりイギリスびいきになる人もいるので、本国に帰るときに「イギリスのスパイにならないか」とリクルートして、イギリスのスパイになって帰国する人もいるほどです。そうやってイギリスは世界中に情報網を張り巡らせてきました。

そんなイギリス連邦のつながりを大事にしていたのが、先ごろ亡くなったエリザベス女王です。

故エリザベス女王は「世界で最も重要な外交官だった」と評されることもあります。就任間もない若い頃に、イギリス連邦各国を訪問して大歓迎を受けている映像がテレビでよく流されていました。イギリス連邦全体が一つにまとまるのは、エリザベス女王がいたから、という面もあるようです。女王が亡くなった今、求心力が衰えるかもしれない。イギリス連邦から離脱する国が出てくるかもしれないともいわれています。

第3章

geopolitics

地政学で「アメリカと中国の勢力争い」を読み解く

——地図から中国の狡猾な狙いが見えてくる

●シーパワーがアメリカ、ランドパワーが中国

ディフェンスラインや緩衝地帯は遠いヨーロッパだけの話ではありません。日本のすぐ近くにもディフェンスラインがあります。さて、どこでしょうか？

それが韓国と北朝鮮の軍事境界線です（おおよその緯度から38度線とも呼ばれています）。ここでは現在、アメリカと中国、すなわちシーパワーのアメリカとランドパワーの中国という二つの勢力がぶつかっています。

1950年に起きた朝鮮戦争も米中二大勢力の激突という性格を持っていました。朝鮮戦争は北朝鮮軍が突如、韓国に侵攻して始まった戦争です。アメリカ軍は即座に応戦に駆けつけて韓国を助けました。

また、国連安保理決議に基づいて米英仏、カナダ、オーストラリア、ニュージーランド、オランダ、フィリピンなど16カ国から成る国連軍が結成され、この国連軍が韓国軍と一緒に北朝鮮軍と戦います。日本を占領中の連合国軍最高司令官ダグラス・マッカーサーが国連軍司令官となったことからもわかるように、国連軍の主力はアメリ

38度線はディフェンスライン

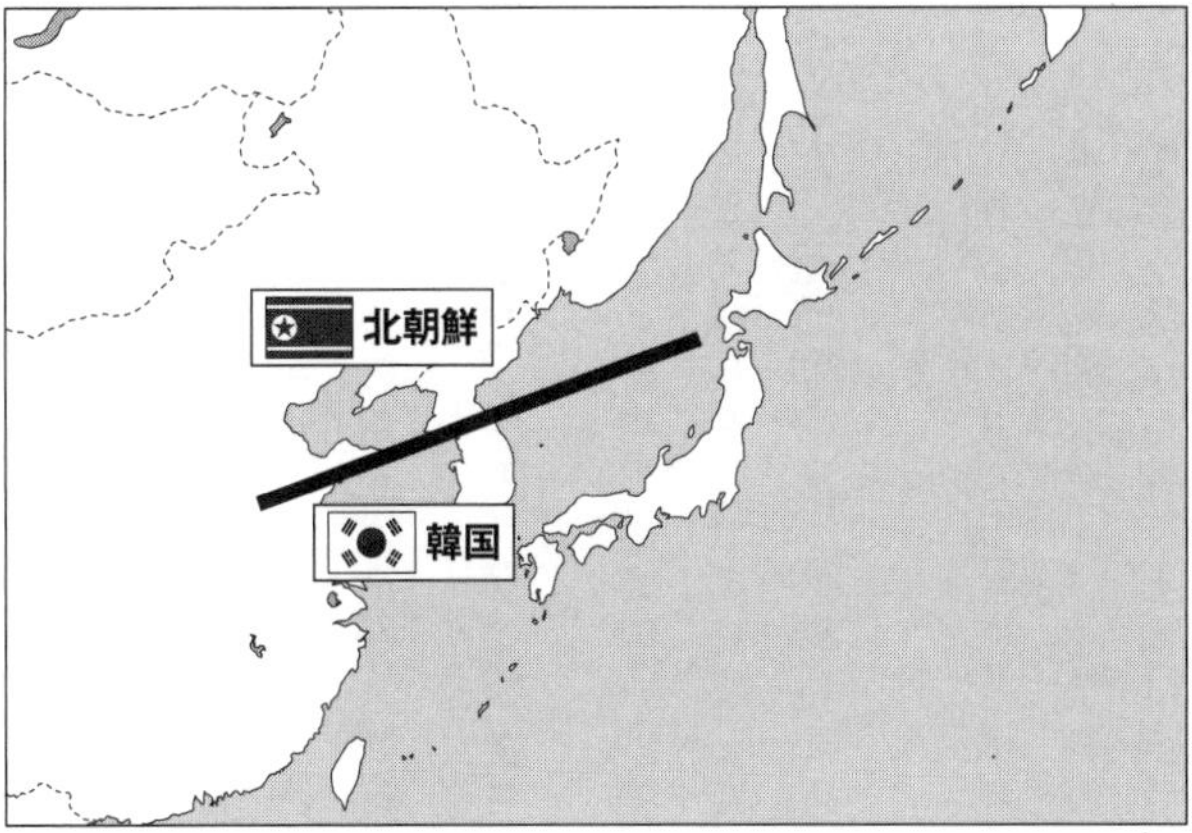

カ軍でした。

戦争が始まってからというもの、北朝鮮軍に攻め立てられた韓国軍は首都ソウルを放棄し、南へ南へと後退を重ね、一時は朝鮮半島の東南端まで追い詰められます。この絶体絶命のピンチに国連軍が支援に入り、反転攻勢に出て北朝鮮軍を押し返した国連軍・韓国軍は、ソウルを奪還すると38度線を突破して北上を続けました。

ところが、北朝鮮の敗北はもはや時間の問題かと思われた頃、今度は中国が北朝鮮側に立って参戦してきました。中国は義勇軍という名目で大軍を送り込み、国連軍・韓国軍を敗走させたのです。

それからはお互いに勝ったり負けたりを繰り返し、やがて38度線付近で膠着《こうちゃく》状態に陥ります。最終的に休戦協定が締結されたのが1953年です。

このように、朝鮮戦争は途中から中国軍とアメリカ軍の戦いへと性格を変えました。この中国とアメリカの対立構造が、朝鮮半島に今もそのまま残されています。

◉日本の近くにあったディフェンスラインと緩衝地帯

今では中国とアメリカの勢力争いの境目になっている朝鮮半島ですが、第二次世界大戦以前は異なる様相を見せていました。時代をさかのぼると、日本が勢力争いの一方の当事者だった時期があり、昔はこの辺りで日本のディフェンスラインが動いていたのです。

そもそも中国がかつて朝鮮半島を支配していた頃は、ディフェンスラインは朝鮮半島と日本列島の間の海にありました。中国の清に服属していたのが朝鮮王朝（李氏朝鮮）です。1897年、朝鮮王朝は国号を大韓帝国と改めて清から独立、この大韓帝

情勢によって動いていたディフェンスライン

国を1910年に併合したのが日本です。いわゆる「韓国併合」ですね。

その後、日本は中国に攻め込み、1937年に日中戦争が始まってからは、日本にとってのディフェンスラインは中国東北部、当時満州と呼ばれた地域に移りました。

さらにいえば、日本にとっては北から圧力をかけてくるソ連が大きな脅威で、このソ連の南下を防ぐために日本は緩衝地帯を作ろうと考えます。それが1932年に建国された満州国です。

つまり当時は、中国東北部から朝鮮半島にかけての一帯でディフェンスラインが動いていた。そのディフェンスラインが現在は朝鮮半島の38度線になっているということです。

●アメリカと中国が対立する朝鮮半島

現在の中国とアメリカの勢力争いを地政学で見たとき、朝鮮半島に関してある驚きの事実が見えてきます。

その事実とは、中国が北朝鮮を緩衝地帯と見ていることです。

国際社会の言うことを聞かないで北朝鮮が核開発を進め、頻繁にミサイルを発射してきたことに中国は頭を痛めています。困ったものだと思っているのですが、だからといって本気で核・ミサイル開発をやめさせようとはしていません。

なぜかというと、緩衝地帯として北朝鮮を存続させることが中国の利益になるからです。

国連は核実験とミサイル発射を繰り返す北朝鮮を非難し、安保理決議に基づいて強力な経済制裁を行ってきました。この制裁は今も続いています。ところが、制裁には

北朝鮮を緩衝地帯として残しておきたい中国

中国
北朝鮮
韓国
アメリカ側の勢力と
国境を接したくない

抜け道があり、北朝鮮は密かに中国に石炭を売って外貨収入を得ているのです。こうした制裁破りが北朝鮮経済を支える一つの要因になっているといわれています。

経済状態が悪化して国民が極度の困窮に陥れば、金正恩《キムジョンウン》政権といえども核・ミサイル開発どころではなくなるはずです。経済制裁の狙いはそこにあるのですが、中国が北朝鮮経済が崩壊しないように支えているわけです。

もし北朝鮮が経済的に立ちゆかなくなり、金正恩政権が倒れて国中が大混乱に陥った場合、韓国が北朝鮮を吸収・統一するかもしれません。これは中国にとっては悪夢のシナリオです。

韓国にはアメリカ軍が駐留しています。その韓国が朝鮮半島全域を支配するようになれば、中国はアメリカ軍が駐留している国と直接、国境を接することになります。ディフェンスラインは38度線から北方に移動し、中国はアメリカの勢力が国境まで迫ってきたと受け取るでしょう。

このような事態は何としても避けたいし、避けなければならないというのが中国の本音です。そのためには、北朝鮮は緩衝地帯として残しておきたい。北朝鮮に崩壊してもらっては困るのです。

●中国が海へ出るルートを邪魔する日本列島

そんな中国が近年力を入れているのが、海を通じて世界へ進出することです。ただし、中国は東部や南部で海に面しているものの実際には海洋進出するルートはかなり限られています。

日本海から北に抜けてオホーツク海に出ようとすると、日本列島が邪魔です。幅の

日本は地政学上、とても重要な位置にある

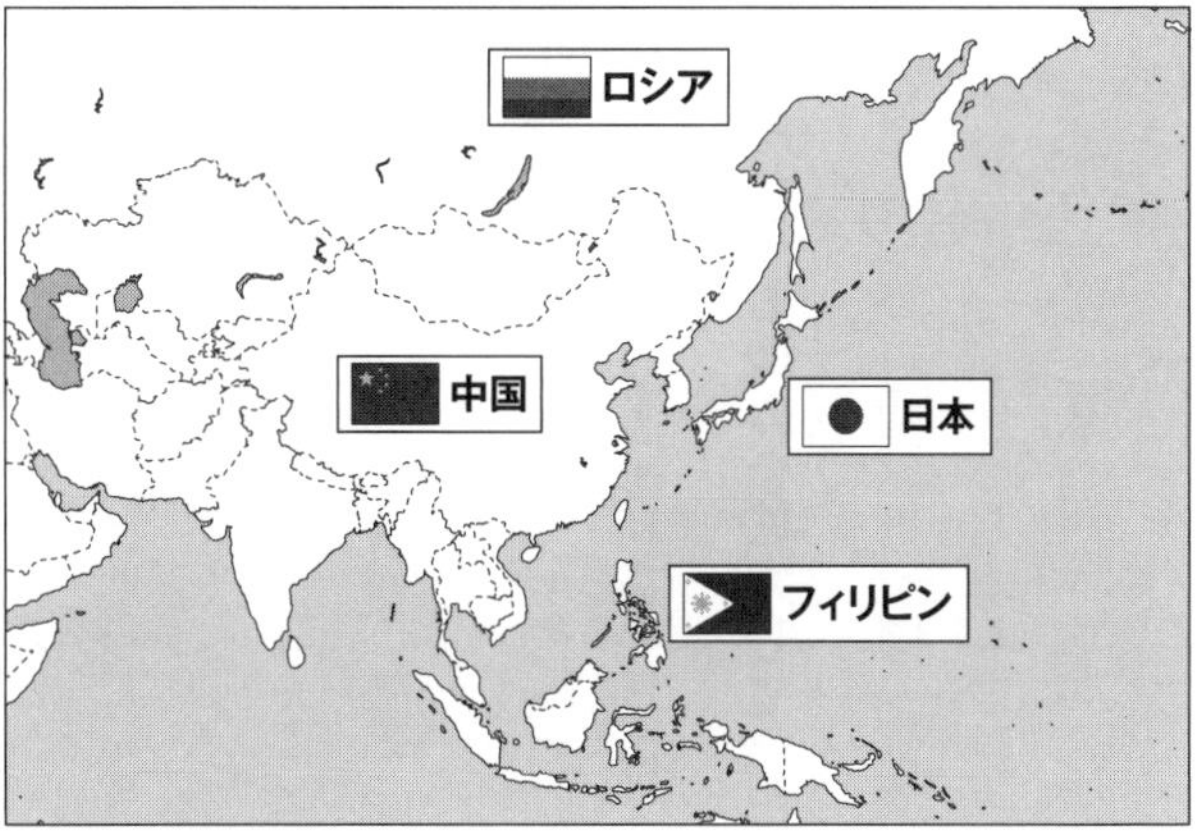

狭い津軽海峡や宗谷海峡を通るしかありません。

東シナ海から太平洋に出ようとしても、日本の南西諸島が道を塞ぐように弧状に広がっています。一方、南シナ海から南方へ出ようとすると、フィリピンやインドネシアが立ちはだかっていて、やはり中国にとっては邪魔な存在です。

ロシアにとっても事情は同じです。たとえば極東のウラジオストクあたりから出航して太平洋に出ようとすると、日本列島が邪魔になります。

これは極端な話ですが、もし日本列島がなかったらどうでしょうか。中国もロ

シアも簡単に太平洋に出て行くことができます。

地政学で見たとき、日本は非常に重要な位置にあることがこれでわかるでしょう。この位置関係をうまく利用しているのがシーパワーの大国であるアメリカです。

アメリカは日本に米軍基地を置くことで、中国やロシア、北朝鮮に圧力をかけたり牽制《けんせい》したりすることができます。それらの国が簡単に太平洋に出てこられないように監視することもできます。

アメリカが日本に多くの軍事基地を置いているのは、東アジアの安全を守るためであると同時に、アメリカの利益を考えてのことでもあるのです。

●中国は海からも勢力を拡大していた!

中国からすると、自国と周辺国の位置関係を見たとき、日本近海はアメリカ軍の影響が大きすぎます。そこで日本近海は後回しにしました。代わりに目をつけたのが南シナ海です。世界への影響力を強めたい中国は、ここを足掛かりにして海への進出を積極的に行うようになります。

南シナ海は「中国の赤い舌」とも呼ばれる

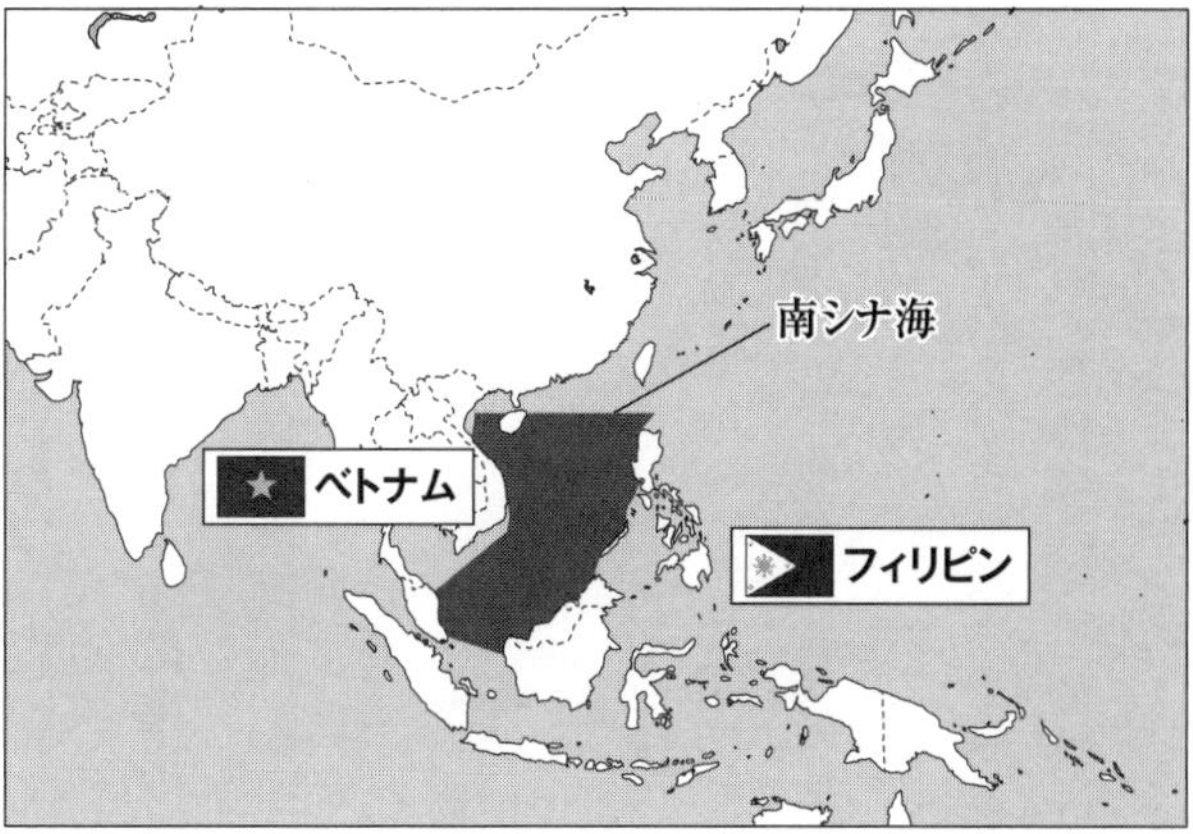

10年ほど前から中国は、南シナ海のサンゴ礁、岩礁などの埋め立てを始め、軍事基地となる人工の島を七つも造成しました。

これに対してフィリピンやベトナムなどが「南シナ海はわれわれの海でもある」と強く抗議していますが、中国は聞く耳を持ちません。「南シナ海は中国の海だ」と言って一方的に埋め立てを続けてきました。

つまり、ここに軍事基地を造ることによって既成事実を作り、南シナ海はすべて中国のものだと主張しているのです。

上の地図を見てください。南シナ海の

形は舌に似ているというので「中国の赤い舌」と呼ばれています。

●「真珠の首飾り」でインド洋に進出

海洋進出に意欲的な中国が南シナ海とともに力を入れているのがインド洋です。中国はインド洋に面したパキスタン、スリランカ、ミャンマーなどの港を整備しており、中でもスリランカに関しては、中国が莫大なお金を貸し付けて港を整備しました。

ところが、スリランカには弱みがありました。十分な返済能力がなかったのです。途中で「とても返済できない」と言ったところ、「では、うちがいただきましょう」ということで、中国が99年間の運営権を取得して事実上港を奪ってしまいました。中国はこういう強引なやり方で、インド洋方面でも影響力を強めています。

中国が整備した港を航路で結んでみると、次ページの図のようになります。

南シナ海は中国に言わせれば、全部自分たちのものです。そして、ミャンマーは軍事クーデター（2021年）を起こして欧米との関係が悪化したため、その機を捉え

「真珠の首飾り」と呼ばれる航路

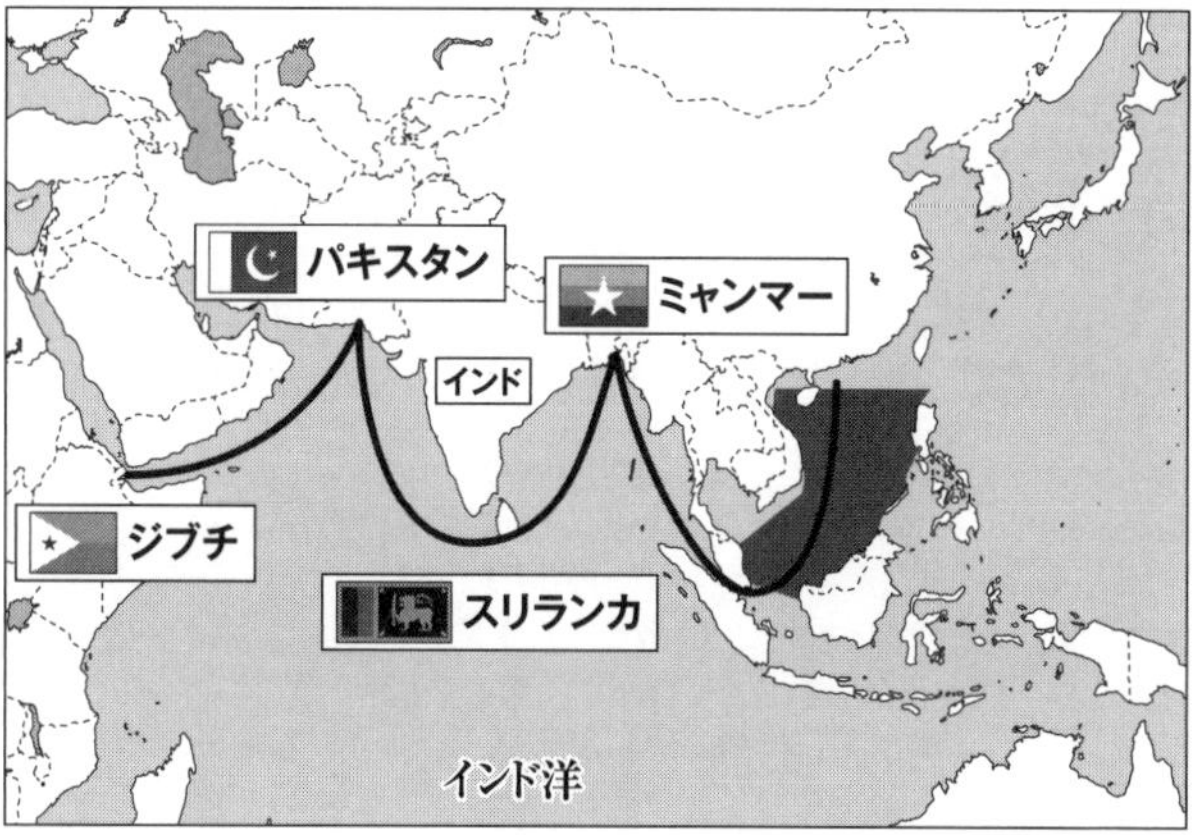

て中国が接近し、大幅に関係改善が進みました。スリランカには中国が援助してできた港があります。パキスタンも中国寄りで、中国との関係が良好な国です。さらに、アフリカ北東部のジブチには中国が海外初の軍事基地を造りました。

これらを結んだ航路が中国にとっては重要な意味を持つわけです。

上の図でインドを人の顔に見立てると、この航路がネックレスのように見え、インドの南には真珠のようなスリランカがあることから「真珠の首飾り」と呼ばれています。つまり、インドを封じ込めるような形で中国がインド洋の沿岸国に港を造り、インド近海に進出しているのです。

封じ込めを受ける側のインドは、もちろんこれを黙って見ているわけではありません。強い危機意識を持ち、最近は潜水艦や空母の整備を急いでいます。インドとしては、インド近海は自分たちの海にしておきたい。このため海軍力増強に力を入れるようになっています。

●中国が陸と海の二つのパワーを手にする⁉

中国の南シナ海とインド洋への海洋進出を見てきましたが、これはまだ序の口。中国はもっと壮大なことを考えています。

本来、中国はランドパワーの国でした。それが現在は海洋進出を活発化させています。実はこれこそ中国が目指していることで、中国は陸と海の二つのパワーを手にしようとしているのです。

「ランドパワーの中国がシーパワーも持ち、陸でも海でも世界の覇権を握ろう」

中国はそう考え、それを実行するために「一帯一路」という考え方を打ち出してき

中国が海洋進出を目指す狙いは？

陸でも海でも世界の覇権を握る

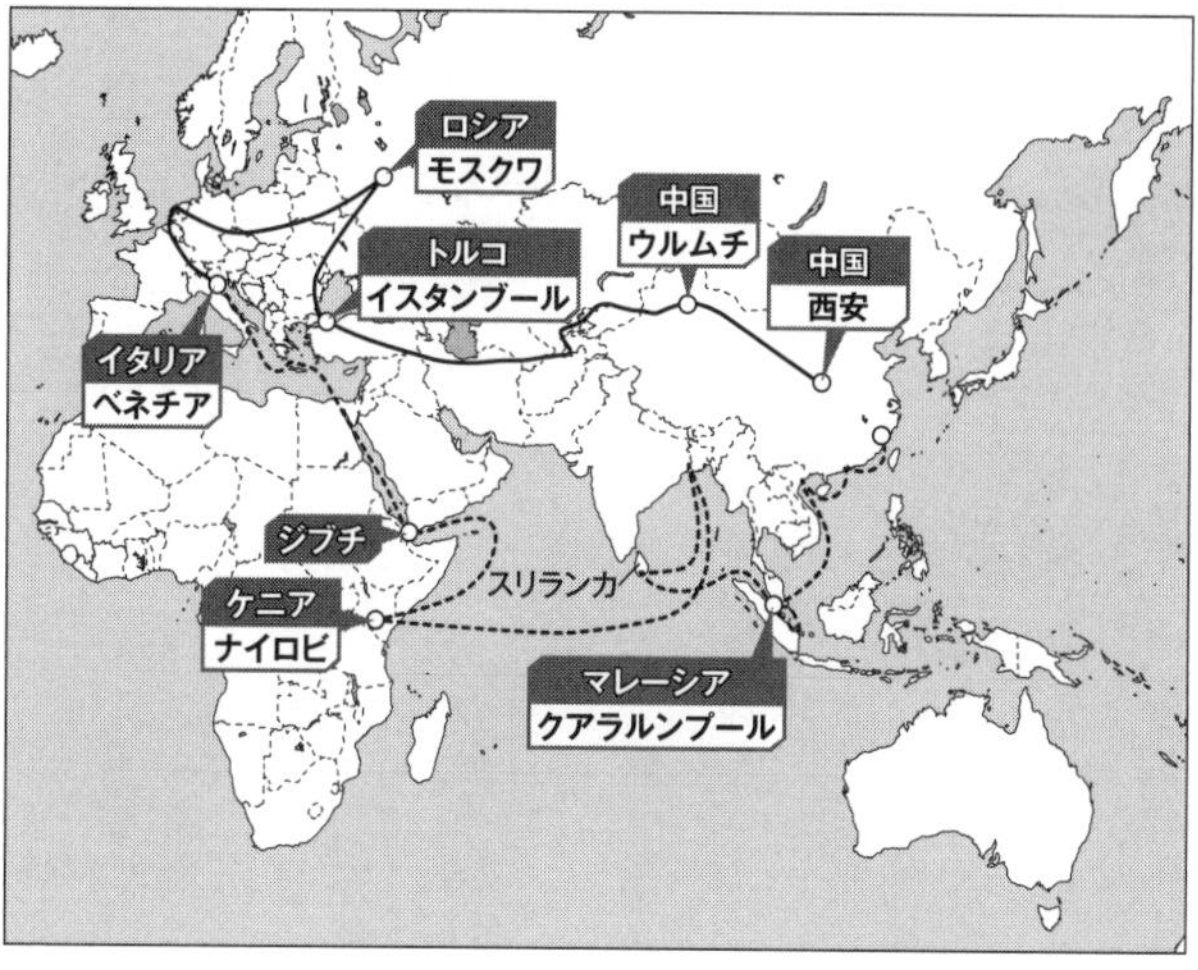

ました。

「一帯一路」とは、中国とヨーロッパを結ぶ貿易のルートを強化して、ルート沿いの周辺国への影響力も拡大しようという構想です。

「一帯」は陸路、「一路」は航路を意味するので、実現すればランドパワーとシーパワーを併せ持つことになります。

ただし、歴史上、ランドパワーとシーパワーの両方を最大限に持って成功した国は存在しません。ランドパワーとシーパワーの両立は極めて難しく、その両方を持とうとすると無理に無理を重ねなければいけないため、うまくいったためしがないのです。

他国の侵略を防ぎながら、なおかつ海洋進出を果たすには膨大な費用が必要になります。これまでは、それだけの費用負担に耐えられる国がありませんでした。

しかし、中国はここ20年、30年で著しい経済成長を遂げ、今では世界第2位の経済大国です。軍事力の面でもアメリカに追いつき、追い越すことを目標に掲げています。

そういう意味で、中国が歴史の常識をくつがえしてランドパワーでありながらシーパワーをも持つことができるのか、それとも失敗するのかということが、いま世界の注目的になっているのです。

◉ルール無視の中国のやり方は反感を買うのでは？

しかし、いくら中国が陸と海の両面から世界の覇権を握ろうとしても、中国は国際的なルールに違反して南シナ海に人工島を造るなど、他国の反感を買うようなことを平気でやってきました。そんな国に進んで協力する国は少ないのではないか、という疑問が浮かびます。

それについては、中国も反発する国があることはわかっていて、だからこそ軍事力の強化に努めているのです。いざとなれば有無を言わせず、力で押さえ付ければいいと考えています。

中国が保有する空母は3隻。3隻あれば南シナ海は十分守ることができます。アメリカ軍の空母を近づけないようにすることも可能です。最後は軍事力にものを言わせて他国を従わせるというのが中国の戦略です。

一方、ＮＡＴＯに加盟しているヨーロッパの国々は、全体として見れば中国に対抗し得る軍事力を持っています。ですから、倫理観のない、国際ルールを無視する中国とは協力できないという態度をとることもできますが、それをすると経済的な打撃を覚悟しなければなりません。

中国は経済大国であり、それぞれの国はもはや中国と貿易をしないとやっていけない状況、国が成り立たないような状況になっているのです。そうなると、「中国を怒らせるわけにいかないから我慢しよう」となって、傍若無人《ぼうじゃくぶじん》な振る舞いがあっても大目に見ようということになるわけです。

コラム 3 地図でわかる世界

中東――王様と首長は何が違う?

◉日本から西にあるのになぜ中東?

サウジアラビア、イラン、イスラエルなどに関連したニュースでは、必ずといっていいほど中東という地域名が使われます。でも、なぜ中東というのでしょうか?

これも地図を見ればよくわかります。すごく単純な話で、イギリスから見て中くらい東だからです。英語でMiddle Eastといいますね。

次のページにあるように、イギリス中心の世界地図で見ると、イギリスにとって東はインドです。アラビア半島を中心とした一帯は、それほど東ではなく中くらい東だから中東。そしてインドよりもっと遠い、極端に東は極東です。日本と日本の周辺を極東というのは、イギリスから見た言い方だということです。

なぜ中東？　日本はなぜ極東？

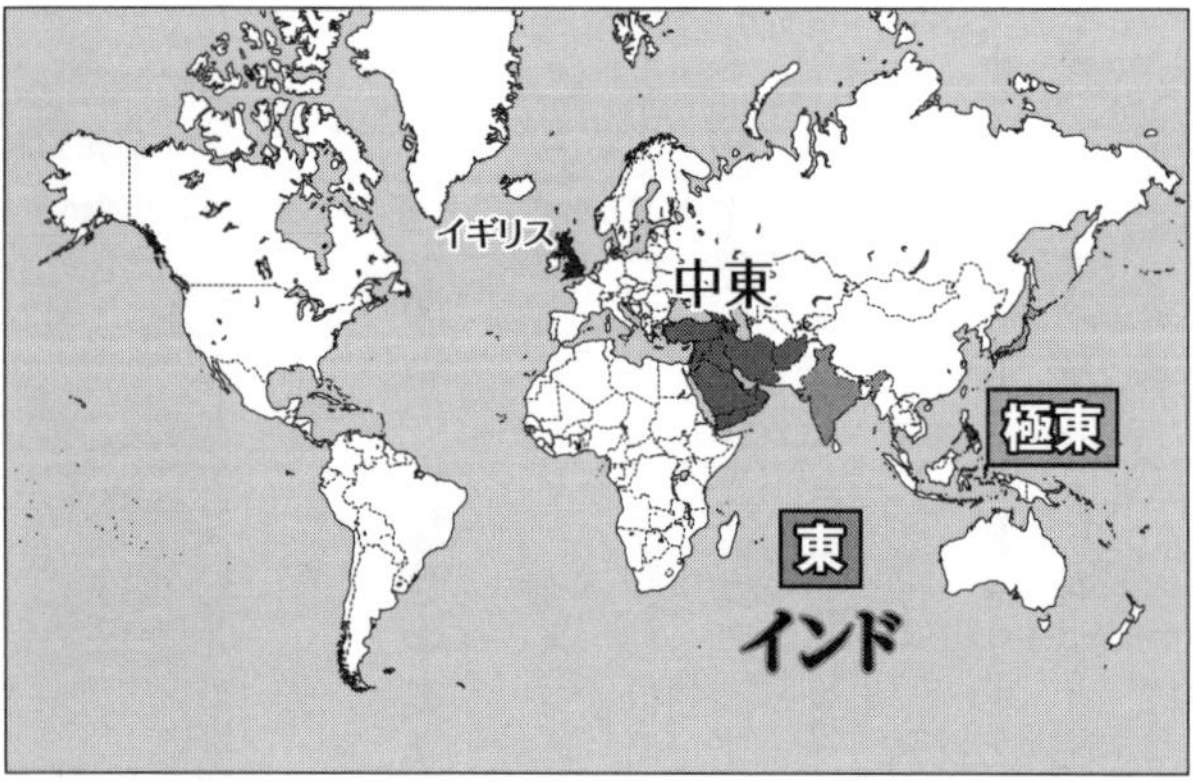

●首長が多くいるけど王様とは違う？

中東といえば、王様が大勢いるというイメージがありませんか？

たとえば七つの国が集まってできたUAE（アラブ首長国連邦）は、連邦を構成するそれぞれの国を治めているのは王様のような首長と呼ばれる人たちです。この首長と王様は何が違うのかわかりますか。

実質的には同じなのですが、すぐ近くの巨大な王国に気をつかって呼び方を変えています。

首長と王様はどう違う？

写真：共同通信

巨大な王国とはサウジアラビアのこと。サウジアラビアという国名は「サウード家のアラビア」を意味し、このサウード家という王家が広大なアラビア半島の大部分を支配してきました。

サウジアラビアが他の中東の国と決定的に違うのは、イスラム教の二つの聖地、メッカとメディナがあることです。

メッカはイスラム教の創始者ムハンマドが生まれたところで、カーバ神殿という巨大な神殿があります。イスラム教徒は一生に一度は巡礼に行くことが望ましいとされ、また世界中のイスラム教徒がこの神殿の方角に向かって毎日お祈りをしています。

メディナはムハンマドが亡くなった場所ですね。ムハンマドのお墓のあるところです。

イスラム教の二つの聖地を守っているのがサウジアラビア王国。周りの国々はサウジアラビアの国王に敬意を払い、「わたくしどもはそれより一段下のランクで結構でございます」と謙遜して首長と名乗っているのです。

第4章

geopolitics

中国の香港制圧、地政学的な意味は？

――台湾統一への布石

◉民主化運動が弾圧され、デモもできなくなった！

２０２０年６月30日に香港国家安全維持法（国家安全法）が施行されてから、香港はすっかり変わってしまいました。

この法律は中国政府が主導して作った法律で、香港の人たちの意見は反映されていません。国家安全維持法が香港に適用されたことにより、香港社会は大きく変わったのです。

今はもう街中でデモを見かけることもなくなりました。それまで毎日のようにデモ隊と警官隊が衝突していたことが嘘《うそ》のようです。デモに参加した若者たちは次々に逮捕・収監され、民主化運動は厳しく弾圧されました。民主派を代表する新聞だった蘋《ひん》果《か》日報（リンゴ日報）が廃刊に追い込まれ、その創業者が逮捕されるなど、今の香港では言論・集会の自由が大幅に制限されています。

一体なぜこんなことになったのか？　中国政府が香港に厳しい態度をとったのは、台湾統一への布石だとする見方があります。中国にとって台湾統一は悲願です。習近平国家主席は、事と次第によっては武力を使うこともあると明言しています。その台湾統一を成し遂げる前に、まず香港を中国政府の完全なコントロール下に置いてしまおうと考えたのでしょう。

◉香港は100万人の大規模デモで大荒れに

香港では2014年に「雨傘運動」と呼ばれる大規模なデモが起きて世界の注目を集めました。

これは2017年に予定されていた香港行政長官の選挙について、香港政府が18歳以上の市民に一人一票の投票権を認める代わりに、民主派の人は立候補できない仕組みを作ろうとしたことがきっかけでした。

候補者が親中派ばかりでは、民主派を支持する市民は投票権があっても投票したい人がいないことになり、意味がないという不満が爆発したのです。

ちなみに「雨傘運動」という名前は、催涙スプレーを使ったり、放水したりしてくる警察に対してデモ参加者たちが雨傘を開いて防御したことに由来します。

2019年6月に行われた香港の「100万人デモ」

写真：共同通信

デモは次第に抑え込まれて沈静化しましたが、2019年に再び活発化しました。

100万人を超えるデモに発展したのが6月。さらに立法会（議会）庁舎や香港国際空港を占拠するなど、一部のデモ隊は過激化し、2020年に入って新型コロナウイルスの感染が広がってもなかなか収束しませんでした。

では、なぜこの時期、香港ではたびたび大規模デモが発生したのでしょうか。その理由をもう少し詳しく解説しましょう。

◉イギリスの植民地として発展し、豊かに

もともと香港は中国の一部でしたが、あることがきっかけでイギリスの植民地になりました。

あることとは、アヘン戦争（1840〜42）です。

かつてイギリスはアヘンという麻薬を中国、当時の清に輸出していました。清としては、アヘン中毒患者がやたらと増えて困るので取り締まったところ、イギリスが怒って清を攻撃したのです。これがアヘン戦争です。その結果、戦争に勝ったイギリスが香港を手に入れました。香港はここからイギリスの植民地として発展していくことになります。

92ページの地図をご覧ください。中国大陸の南部、南シナ海に面したところに香港があります。

ここは第一に、ヨーロッパやアメリカなどともつながったアジア貿易の中継地点です。

「東洋の真珠」と呼ばれた香港

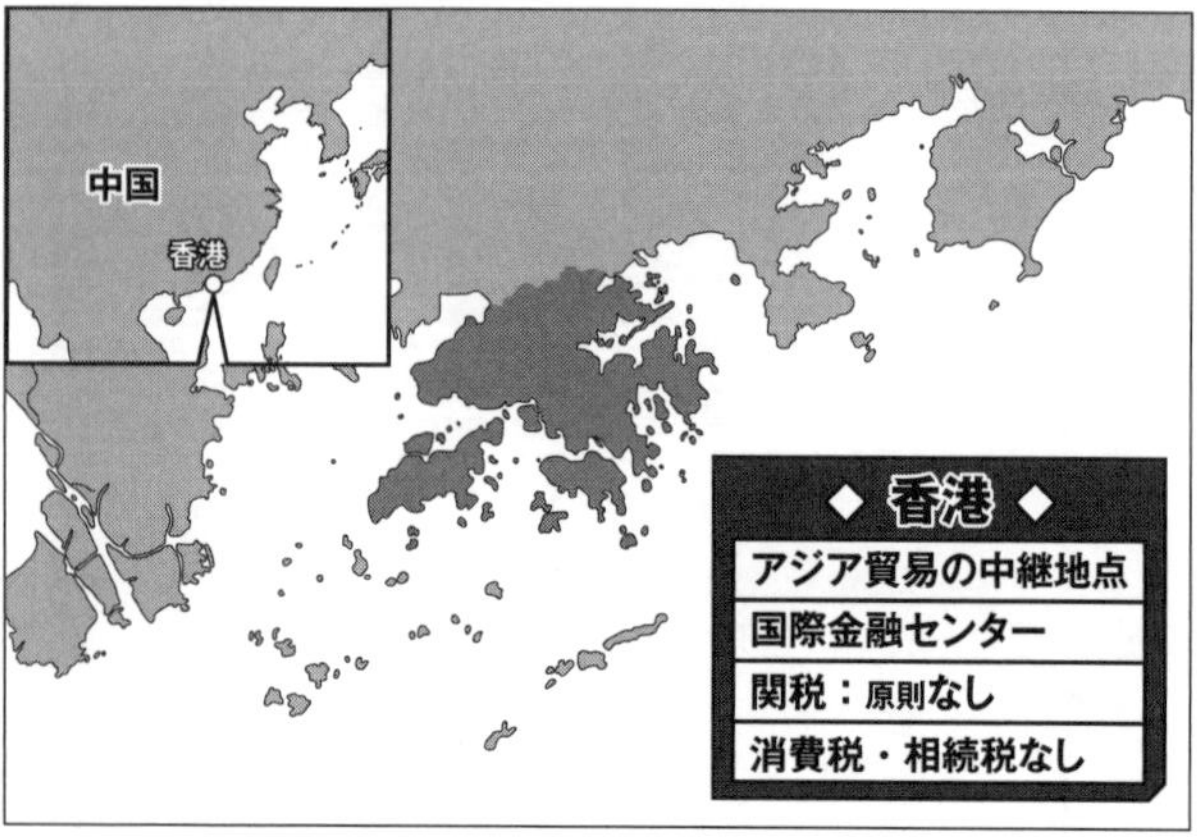

第二に、香港は国際的な金融センターであり、さまざまな金融機関が進出しています。

第三に、香港では原則として関税がかかりません。消費税も相続税もありません。となると、ここで商売をしようという人たちが増えてくる。会社もこぞって進出してくる。これによって香港は大きく発展しました。

その繁栄ぶりから香港は「東洋の真珠」と呼ばれました。特に夜景がきれいで、ビクトリアピーク（香港島西部の標高552メートルの山）の上からの眺めは「100万ドルの夜景」といわれるほどです。

1990年代ぐらいまでは、香港の方が中国よりもはるかに豊かでした。

◉返還交渉でサッチャーと鄧小平《とうしょうへい》が駆け引き

香港は1997年、今から26年前にイギリスから中国に返還されました。

ところで、1997年に返す約束をしていたのは香港全域ではなかったことはご存じですか？　香港全部を99年間借りたと思い込んでいる人が多いのですが、実は違うのです。

次のページの地図を見るとよくわかります。最初のアヘン戦争では香港島がイギリスに永久割譲されました。イギリス領になったということです。これが1842年。

次のアロー戦争（1856〜60）で香港島の向かい側の九龍《カオルーン》がイギリス領になりました。

さらにその後、1898年に九龍半島などをイギリスが99年間、中国から借り受けました。

香港をめぐる、中国とイギリスの駆け引き

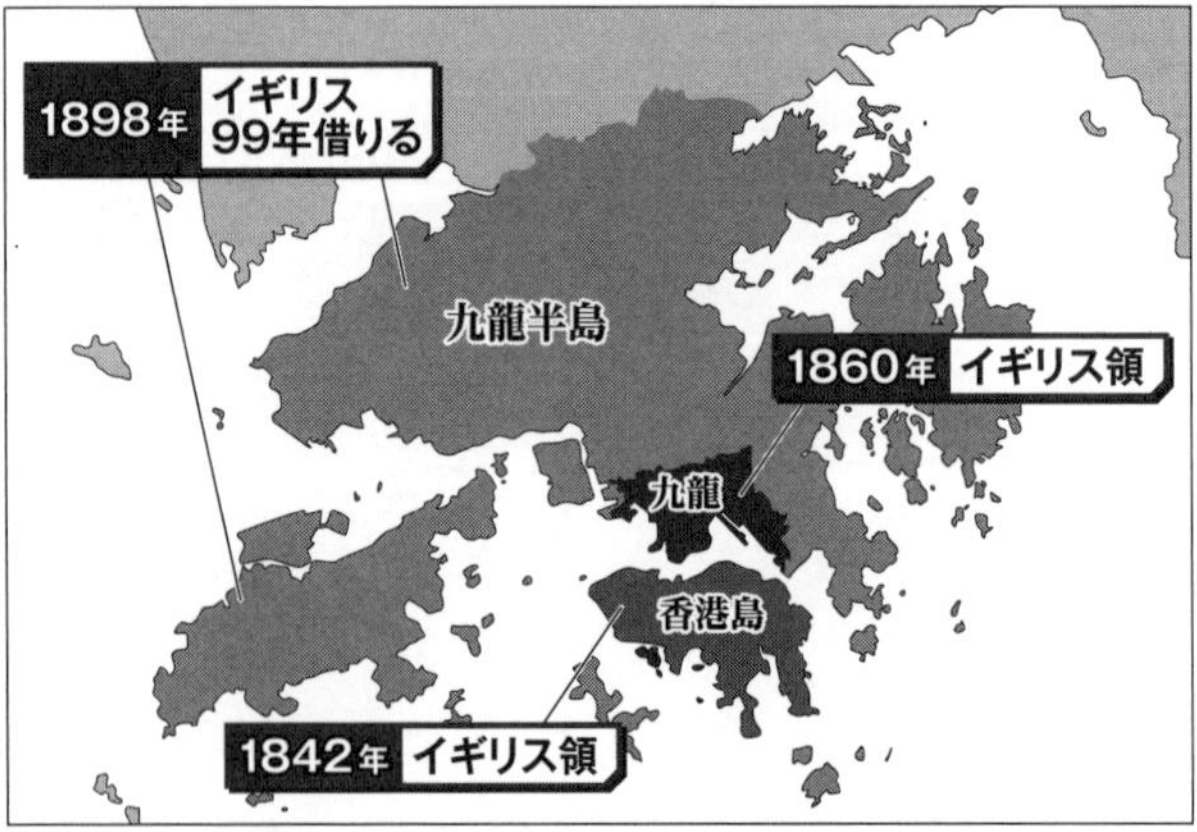

ただ、香港島には水が全くないのです。地盤がすごく硬くて雨水が染みこまないため、水や食料を九龍半島から運ばなければなりません。イギリスが永久に保有したところで使い勝手が悪すぎます。そこで、こちらも99年間借りるという形に変えたのです。

その99年間の期限がいよいよ近づいてきた時、イギリスのサッチャー首相（当時）が時の中国の最高指導者、鄧小平《とうしょうへい》と交渉して、返還期限をもう少し延長したいと申し入れました。

すると、鄧小平は「あらゆる手段を取って香港を回収する」と言ったのです。

「あらゆる手段」には武力行使も含まれます。つまり、イギリスが返さないのなら武力を使うことも辞さないとほのめかして、サッチャー首相に「約束を守れ」と迫ったのです。

結局、イギリスが折れて、1997年に九龍、香港島も含めた香港全域の中国への返還が実現しました。

◉一国二制度の下、香港には自由が保障された

香港返還の際に導入された、世界でも珍しい制度が一国二制度です。中国という一つの国の中に二つの制度があるということです。中国は社会主義、香港は資本主義です。

鄧小平時代に改革開放政策をとった中国が本当に社会主義なのかという議論はありますが、建前としては一応、社会主義です。一方の香港は資本主義で、同じ国だけれども違う体制を認めようというのが一国二制度です。

具体的な違いを見てみると、中国は体制としては社会主義、香港は資本主義。そし

香港と中国、具体的な違いは？

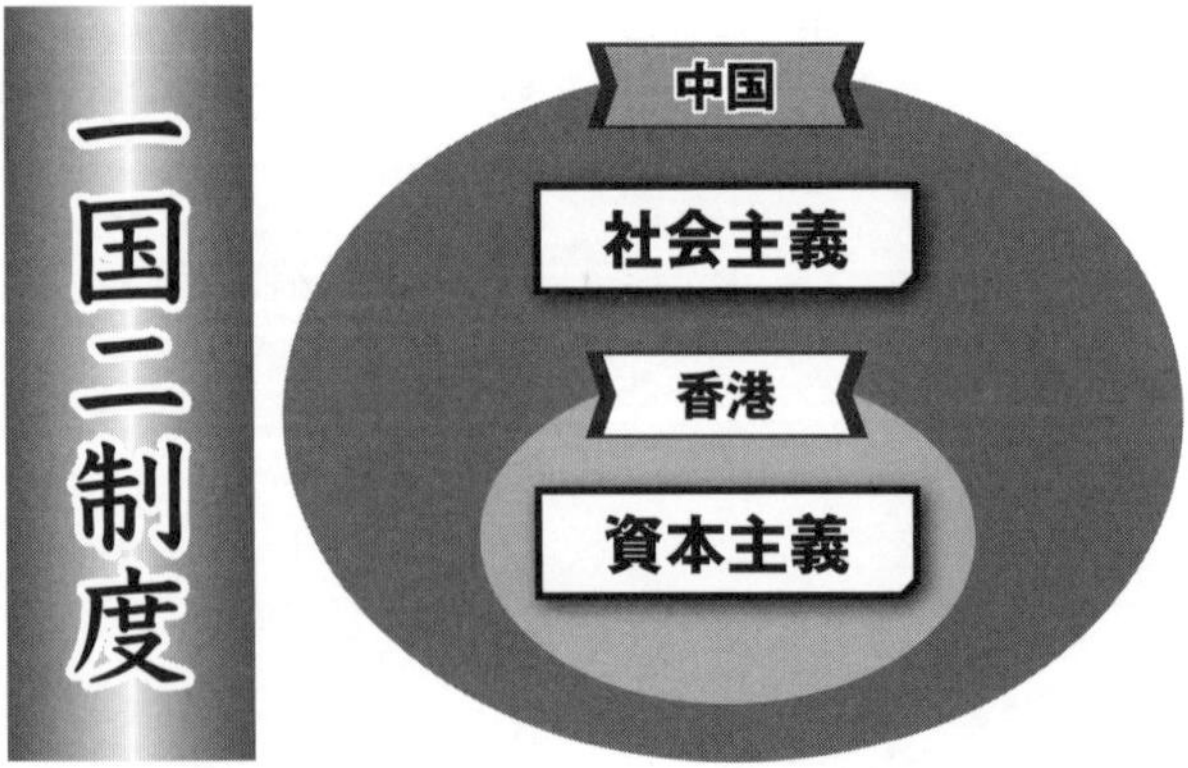

中国		香港
社会主義	体制	資本主義
中華人民共和国憲法	憲法	香港基本法
独立せず	司法の独立	保障
制限	言論・報道 出版・デモ	保障

て中国の中華人民共和国憲法に対して、香港は香港基本法です。

中華人民共和国憲法には、中国の公民（人民）は共産党の指導に従うと書いてあります。中国は事実上の一党独裁国家ですから、憲法はあっても人々は共産党の言うことを聞かなければいけない。でも、香港には「高度な自治」が認められました。香港基本法はよくミニ憲法という言い方をされるように、実質的な香港の憲法です。中華人民共和国憲法がそのまま適用されることはなく、香港の人たちは香港基本法の下で自主的に法律を作ることができました。

司法の独立に関しては、中国の場合、裁判所や検察は共産党に従わなければなりません。法律は無視され、共産党の方針に従って判決が出ます。

一方の香港は司法の独立を保障されました。純粋に法律に従って判決が下され、共産党が口をはさめない仕組みです。

言論・報道・出版・デモに関しても、中国ではこれが制限されていますが、香港では自由が保障されました。

同じ国の中でもこれだけの違いがあるのが一国二制度です。

◉中国にとっては「金の卵を産むガチョウ」

もちろん、中国がこのような制度にしたのには理由があります。香港が急速に豊かになったのは、明らかに資本主義のおかげです。それを一切やめて社会主義にしてしまうと、香港市民はみんな逃げ出してしまうかもしれない。それでは中国のイメージダウンになります。中国としては、「とりあえず50年間そのままでいい」と言って香港の人たちを安心させ、彼らが逃げ出さないようにする必要がありました。

また、香港は中国にとって経済的にとても貴重な場所でした。かつて香港は、よくこんなふうにいわれたものです。

「金の卵を産むガチョウ」

「金の卵を産む鶏」という言い方もあります。香港が資本主義の下で栄えていれば、中国もそのおこぼれが得られるので絞め殺してしまうのはもったいない。このままにしておこう。そういう考え方もあって一国二制度が考案されたのです。

では、返還当時、香港の人たちはどう受け止めたのでしょうか。いずれ50年も経てば中国は民主化されて自由な国になるだろうから、これでいいんだと多くの人は考えました。

しかし、異なる考え方の人たちもいました。中国の言うことを一切信用しないで、とりあえず外国（カナダなど）に行って国籍を取得し、また香港に戻ってきて仕事をする人も結構いたのです。何かあったら国籍のある国に逃げられるように、準備だけはしておこうというわけでした。

◉国家安全法とはどういうものか？

２０４７年までは自由を認められていたはずの香港で、一挙に雲行きが怪しくなったのが２０１０年代です。

２０１４年の「雨傘運動」についてはすでに述べました。要するに、「50年間そのままでいい」と中国政府が約束して、それならということで安心して香港に住んでいたのに、約束違反の動きが目立ってきたのです。「このままでは約束が破られてしまうのではないか。話が違うじゃないか」と言って反発する人たちが一斉に声を上げるようになりました。

２０１９年春から頻繁にデモが起きるようになり、６月には１００万人を超える大規模な抗議デモに発展しました。２０２０年に入っても、コロナ禍で参加人数は減りましたが、たびたびデモが行われました。一連の抗議行動を重く見た中国政府は、香港の自由を大幅に制限しようと具体的に動き始めます。

一国二制度の原則に照らせば、本来、中国政府は香港に口出しできないはずです。香港の人たちが守るべき法律は、香港で作ることになっているからです。

ところが、この時は例外的に中国政府が法律を作り、香港に無理やり押し付けようとしました。それが香港国家安全維持法、略して国家安全法です。

こういうものを作るという方針を中国が決めたため、香港市民たちは『50年間変えない』という約束を破るのか」と言って強く反発しました。

国家安全法の主な内容としては、①国家の分裂、②中央政府の転覆《てんぷく》、③テロ活動、④外国勢力などと結託して国家の安全を脅《おびや》かす活動、この四つを禁止しました。最高刑は終身刑です。

中国政府が法律を作って香港に押し付け！

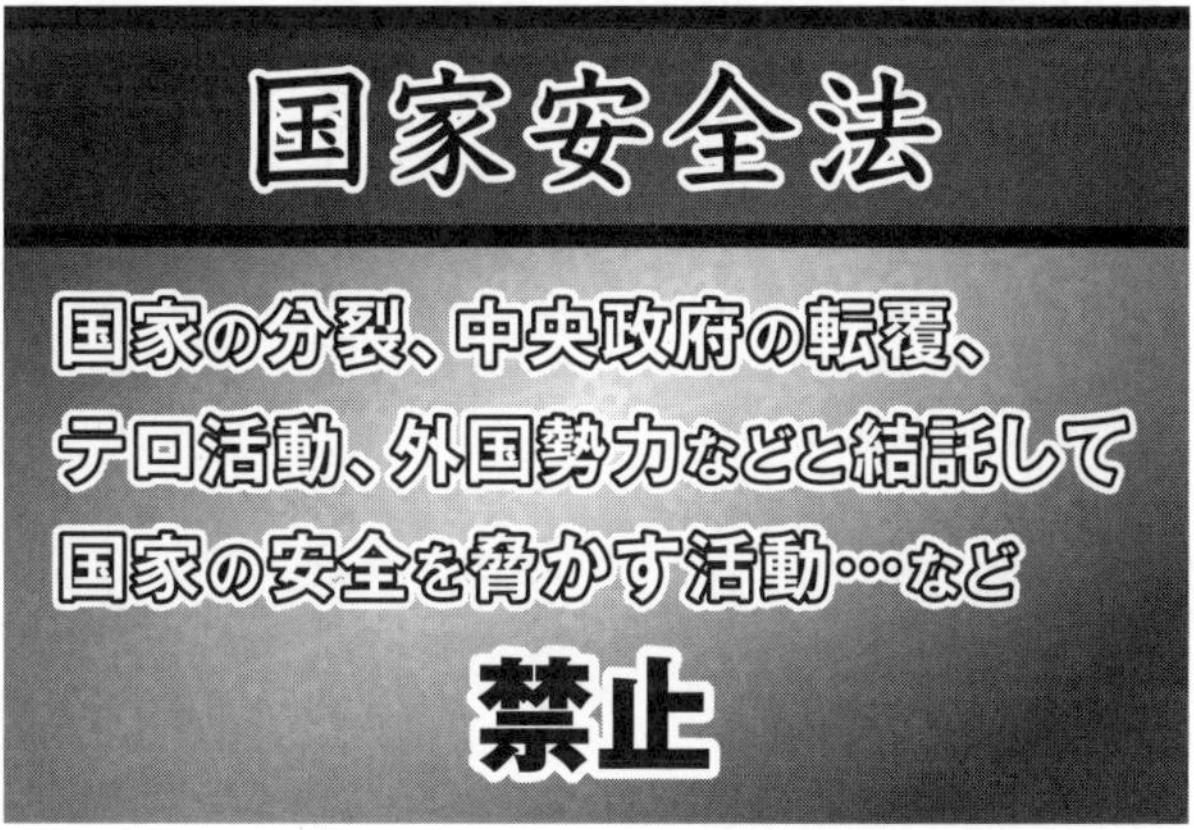
国家安全法
国家の分裂、中央政府の転覆、
テロ活動、外国勢力などと結託して
国家の安全を脅かす活動…など
禁止

しかしこれらの項目は、どれをとってもあいまいで漠然としています。具体的に何をしたら処罰されるのかはっきり書かれていません。運用の仕方によってはいくらでも拡大解釈が可能です。

たとえば香港を独立させようという運動がありますが、これは国家を分裂させる行為だということで厳罰に処せられるかもしれない。

また、中国共産党を批判すると、それは中央政府の転覆につながるのではないか。警察車両や建物、その他の器物を破壊するような過激なデモは、テロ行為に当たるのではないか。さらに、香港に駐在する欧米の領事館員や外交官と接触した場合、外国勢力などと結託して国家の安全を脅かしたことになるのではないか。こういう疑いを持たれて逮捕される恐れがあります。

◉国家安全法で一国二制度が変質した！

この法律が施行される前、香港の人たちは、「中国共産党のやり方はおかしい」と言ってデモをしただけで、みんな根こそぎ捕まって重罰に処せられるかもしれないと心配していました。

実際に国家安全法が施行されると、民主化運動が弾圧されるなど、その後の展開は予想された通りになりました。

民主派の女性活動家で日本語でもメッセージを発信していた周庭《しゅうてい》（アグネス・チョウ）氏は、国家安全法違反容疑で逮捕。結局、違法なデモに参加、煽動《せんどう》した罪で禁錮《きんこ》10カ月を宣告され服役しました。

また民主化運動のリーダーとして著名な黄之鋒《こうしほう》（ジョシュア・ウォン）氏も、違法なデモを組織、煽動した罪で禁錮13カ月半、天安門事件の犠牲者追悼集会に参加した罪で禁錮10カ月を宣告され服役。さらに2021年2月には国家安全法の政府転覆罪容疑で起訴されました。

この時は、黄氏を含む民主派の人たちが計47人も起訴されています。民主派の主立った人たちが一網《いちもう》打尽《だじん》にされたのです。

こうして香港に保障されていたはずの自由が制限され、一国二制度は大きく変質しました。

●きっかけは「逃亡犯条例」改正案

中国が香港の立法会を通さないで国家安全法を作るきっかけとなったのは、2019年に香港政府が「逃亡犯条例」改正案を公表したことです。

この改正案が通れば、香港市民の犯罪容疑者を中国に引き渡すことができるようになります。

そうなると、中国の批判や悪口を言っただけで、あるいは抗議集会に参加しただけで容疑者扱いされて、中国に引き渡せと言われるかもしれない。そんなのはおかしいと猛烈な反対運動や大規模デモが起きて、香港政府は説得に努めたものの、最後まで市民の理解は得られず、とうとう改正案の撤回を余儀なくされました。

もともと国家安全法は香港で独自に作ることが決まっていたのですが、「逃亡犯条例」の改正案でさえ立法会を通りませんでした。これでは、もっと規制の厳しい国家安全法が香港で成立するとはまず考えられません。

中国政府はこれを見て、もう香港には任せておけないと腹をくくりました。ならば、香港の頭越しに中国側で法律を作ろうではないかということで、中国が香港国家安全維持法を作って公布、施行することにしたのです。

●中国の本当の狙いは一国二制度による台湾統一

中国が国家安全法を作ろうとした理由の一つに、台湾のことがありました。中国は当時、香港の民主化運動を台湾が背後で支援しているかもしれないと疑っていました。台湾とすれば、香港で民主化が進めば、香港の人たちはもっと中国から離れて、中国政府の立場にとらわれない自由な発言や行動ができるのではないか、あるいは将来的に台湾独立という方向に行きやすくなるのではないか、そう期待して香港を支援していました。

それに対する警戒感から、中国は国家安全法の制定を急いだと考えられます。

そもそも1997年に香港が返還される時に中国が一国二制度と言い出したのは、最終的には台湾が目標でした。

「中国と台湾は『一つの中国』だけど、政治制度は二つ。それでいいじゃないか。だから台湾も中国と一緒になろう」

いずれこういう呼びかけをしようと考えていて、まずこの制度を香港に対して適用したというわけです。

習近平国家主席も2019年1月、一国二制度による台湾統一を主張。一方、台湾のトップ蔡英文《さいえいぶん》総統は2020年5月、一国二制度は受け入れられないと明言しました。

蔡総統がこの時期に一国二制度拒否の発言をしたのは、新型コロナウイルスの封じ

中国の本当の狙いは「台湾統一」

中国
台湾統一では
一国二制度を適用
習近平国家主席
台湾
一国二制度は
受け入れられない
蔡英文総統

込めに成功して支持率が非常に高かったことがあります。さらに、このままだと中国に飲み込まれてしまうという危機感を煽《あお》ることで、台湾での支持を盤石《ばんじゃく》にしたいという狙いもありました。

中国としては、これはまずいという思いがあったのでしょう。香港のデモが収まらないと、台湾に対して一国二制度がいいとは言えなくなります。「やっぱり中国と一緒になるのは嫌だ。台湾は今のままでいたい」というふうになるのを恐れたのです。

中国には、何としても香港のデモを抑えて台湾との将来的な統一を目指したいという焦りがあったのではないか、といわれています。

しかし、台湾の人たちは中国の強引なやり方を見て、一国二制度への拒否反応がさらに高まった可能性があります。台湾に対しては逆効果だったのではないでしょうか。

◉香港デモで中国とアメリカの争い⁉

中国の王毅《おうき》外相（当時）は2020年5月24日の会見で国家安全法についてこう言っています。

「(デモには）外国勢力が違法に干渉している」

「中央政府が香港における国家の安全に最終的に責任がある」

「一国二制度の基本方針を守るのに有益」

香港を最終的に守るのは中国政府なのだから他国は余計な口を出すな、というわけです。特に「外国勢力が」と言っているところがポイントで、中国は香港デモの裏にある国が関わっていると考えたようです。さて、どこの国だと思いますか？

答えは言うまでもありませんね。アメリカです。アメリカが香港のデモを煽ってい

批判に対する中国側の反論

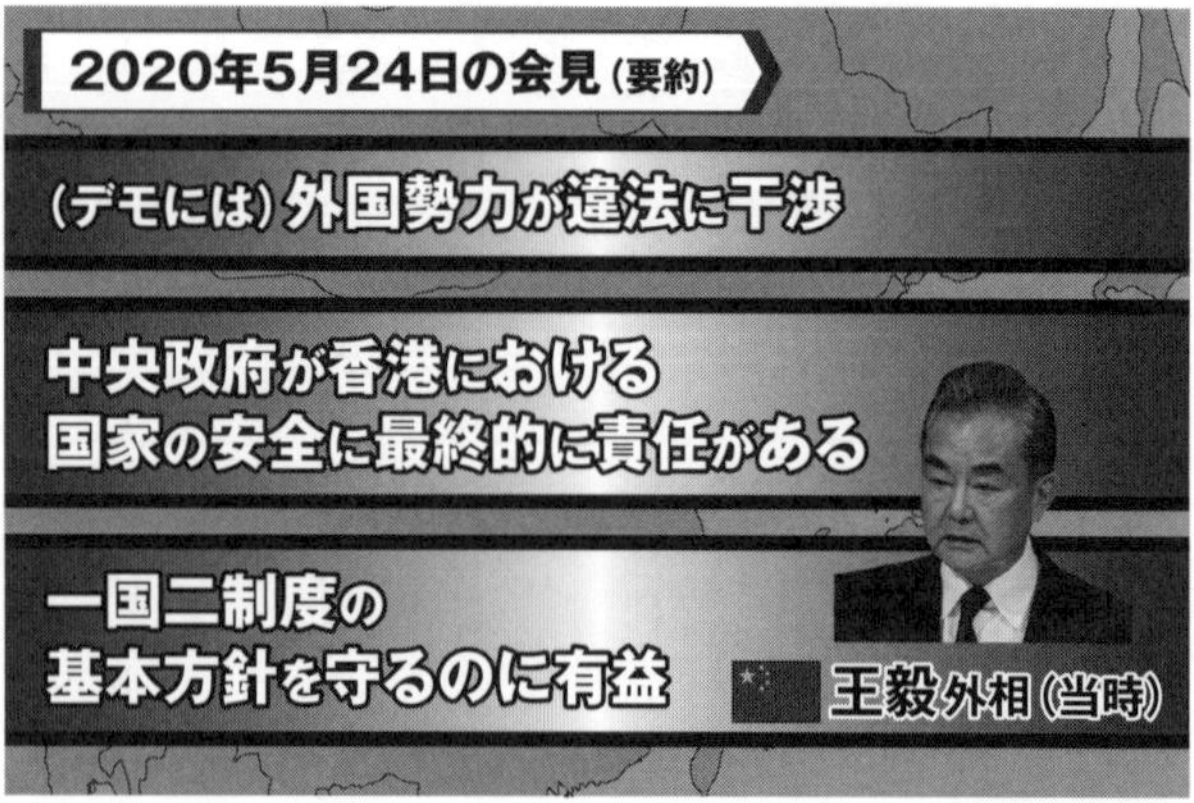

2020年5月24日の会見（要約）
（デモには）外国勢力が違法に干渉
中央政府が香港における
国家の安全に最終的に責任がある
一国二制度の
基本方針を守るのに有益
王毅外相（当時）

写真：共同通信

るのではないかと疑ったのです。

事実、アメリカは香港で激しいデモが続いている最中の2019年11月、「香港人権・民主主義法」という法律を作りました。

これは香港で一国二制度が機能していないとアメリカ政府が判断した場合、香港に与えている関税などの優遇を見直すというものです。

アメリカとすれば、香港の人たちの人権がちゃんと守られているかどうかチェックしましょうということですが、中国にしてみれば、余計な内政干渉だということになります。

そして中国は、このデモの背後でアメリカの情報機関ＣＩＡ（中央情報局）が暗躍しているのではないかと疑いました。

実は香港は、イギリスの植民地の時代からイギリスやアメリカの情報機関の活動拠点でした。また中国のスパイ組織も香港ではいろいろと暗躍していたといわれています。中国本土は共産党の監視の目が隅々まで張り巡らされていますが、一国二制度のおかげで香港は監視の目が緩《ゆる》く、さまざまな国の情報機関が情報収集を行っていたのです。

◉アメリカは香港優遇をやめ、対中制裁を強化

香港人権・民主主義法を作ったアメリカは、香港の「高度な自治」が守られ、一国二制度がこれまで通り維持されるよう中国に圧力をかけました。しかし、中国はそんなことにはお構いなく、２０２０年6月30日に国家安全法を公布、施行しました。

この法律によって一国二制度が形骸化《けいがいか》したと見たアメリカは、早くも7月に香港の優遇措置を停止すると発表。さらに、議会が準備していた香港自治法案という対中制

裁法案を成立させました。

その内容を見ると、香港の優遇措置の停止は、アメリカが外国からいろいろなものを輸入するときには関税をかけますが、香港に関してはこの関税を低く抑えて優遇してきました。その措置の停止は、もう香港を特別扱いしないということです。

ビザについても、アメリカに旅行に行きたい、アメリカで働きたいというときに、香港市民にはこれまでスムーズにビザを発給してきました。その優遇措置をやめて、中国本土の他の都市と同じ扱いにして、簡単にはアメリカに来られないようにしました。

「香港自治法」は、香港における自由の抑圧、人権侵害などに関わった当局者に資産凍結、アメリカへの入国禁止などの制裁を科し、その人物と取引した金融機関にも制裁を科すというものです。

一連の制裁によって、こんな影響があるのではないかといわれています。

一つには、アメリカの企業は香港に1千社以上と、実にたくさんの企業が進出していますが、「香港が優遇されないのなら香港から撤退しようかな」ということになるか

香港の人たちの人権が守られているかアメリカがチェック

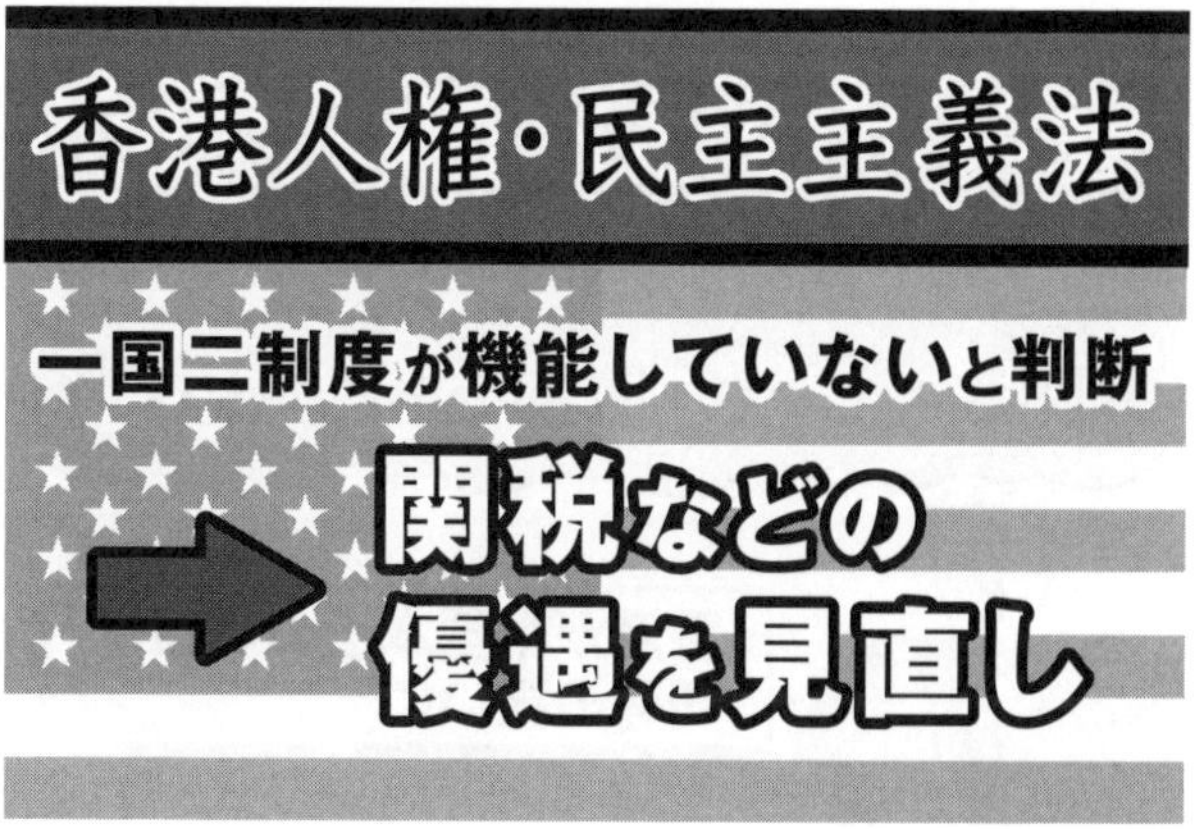
香港人権・民主主義法
一国二制度が機能していないと判断
関税などの優遇を見直し

もしれません。実際、香港に進出したアメリカ企業の数は2019年6月時点で1344社だったのが、2年後の2021年6月には1267社に減りました（出典：JETRO）。割合にして約6％の減少です。

関税の優遇措置の停止については、当然、貿易に影響が出ると考えられます。

香港原産品のアメリカへの輸出は一定の打撃を受けるでしょう。

また、香港自治法では、制裁対象の当局者と取引した金融機関も制裁対象になります。これは香港や中国の金融機関にとどまらず、日本を含む海外の金融機関

香港の優遇措置を停止！
関税やビザの優遇などをやめる
香港が中国本土の都市と同等の扱いに

も対象となります。具体的にはドルによる取引が禁止されるため、対象となった場合、金融機関にとっては死活問題です。

香港は世界の金融市場にとって非常に重要な場所なので、万が一多くの金融機関が制裁対象に指定されるようなことになれば、世界の金融市場が混乱する可能性があります。そんなことにならないように金融機関側に厳格な対応を促すという意味では、非常に強力な制裁だと言えます。

これらの制裁は、香港政府と中国をターゲットにしたものです。ただ、香港の人たちも無傷ではいられません。アメリカに行きたい人が簡単に行けなくなる。香港からの輸出も優遇が受けられなくなる。こういったことで香港の一般の人たちも打撃を受けるのです。

香港の人たちのための制裁ではありますが、香港の人たちが苦しむことにもなりかねない。制裁には両刃《もろは》の剣という性格もあるのだということです。

◉香港から続々と脱出する人たち

「(香港の地位を)50年間変えない」という約束を反故《ほご》にした中国を厳しく批判し、具体的な行動を起こしたのはアメリカだけではありません。イギリスもそうです。

イギリスは香港がまだ植民地だった頃、英国海外市民旅券というものを発行して、それを持っている人はビザがなくてもイギリスへの入国を認め、6カ月間滞在できるようにしていました。中国への返還後も、この旅券を持っていれば同じようにイギリスに入国できました。

香港で英国海外市民旅券を持つ人は約300万人いるとされ、香港の人口が約750万人(2019年)ですから人口の約4割に相当します。イギリスでは、中国が約束違反を強行するならこの人たちに市民権（国籍）を与えてイギリスに迎え入れるべきだという議論が起きました。

さすがにこれは実現しませんでしたが、イギリスは国家安全法の施行で一国二制度が形骸化していくのを見て、２０２１年に特別ビザの発給を始めました。これは英国海外市民旅券を持つ人とその家族が5年間イギリスに滞在でき、その後は永住権、さらには市民権の申請も可能になるというものです。

報道によると、２０２１年1月末から翌年3月末までの14カ月間で11万人以上に特別ビザが発給されました。香港の現状に失望し、未来に希望を持てない人たちが続々と香港を後にしてイギリスに向かったのです。

また、カナダを脱出先に選ぶ人も大勢います。実は、香港返還でそれまで享受していた自由がなくなるかもしれないと心配した人たちが、１９９０年頃から相次いでカナダに渡り、カナダの国籍を取得しています。返還後は一国二制度が守られたため、「大丈夫そうだな」ということで、その多くが香港に戻っていきました。こういう人が約30万人いるとみられています。

今回、このカナダ国籍を持っている人たちの一部が、香港を離れてカナダに向かいました。

その他、オーストラリア、台湾なども脱出先として好まれているようです。

香港の中国化が進めば進むほど、香港からの人口流出は続くものと思われます。

◉立法会（議会）から民主派が消えた！

2021年12月、香港で立法会（議会）の選挙が行われました。結果は90議席のうち89議席を親中派が占め、残る1議席は中間派が取り、民主派は議席を得ることができませんでした。

これは香港の選挙制度が変更され、民主化運動の担い手である民主派が事実上、立候補できなくなったからです。

立法会選挙に立候補するには、事前に資格審査委員会の審査を受けて合格する必要があります。しかし、審査でチェックされるのは、愛国的であるかどうかです。

「愛国的」とは、要するに中国政府に忠誠を誓うということ。中国本土とは違う普遍的な自由と民主主義を求める民主派の人には、とても受け入れられない内容です。資格審査委員会がある限り、民主派の人は立候補できないのが現実です。

民主派と称して審査を通った候補者もいたのですが、香港市民の目には中国政府にすり寄った民主派の偽者と映り、ことごとく落選。立法会は親中派一色に染まり、一国二制度の堅持を求める香港市民の民意は宙に浮いてしまいました。

しかし、中国政府は大規模デモによる香港の混乱を収拾したと国内外に宣伝し、一国二制度は健在だとアピールしています。一国二制度が変質したのは明らかなのに、中国はそれを認めようとしません。一国二制度の下で香港は「愛国者」が統治するのだと言っています。

◉「2027年までに台湾侵攻」は本当か?

香港を完全なコントロール下に置いた中国は、次のターゲットである台湾統一に向けた動きを強めています。

2023年2月、米CIAのバーンズ長官はワシントンで講演し、習近平国家主席

2023年2月、講演する米CIAバーンズ長官

写真：共同通信

が2027年までに台湾侵攻の準備を整えるように軍に指示していた、との見方を明らかにしました。

中国の台湾侵攻については2021年3月に、デービッドソン米インド太平洋軍司令官（当時）が「今後6年以内に中国が台湾を侵攻する恐れがある」と発表したことがあり、その時期とも符号します。

台湾侵攻の時は刻一刻と近づいているように見えます。そして、台湾有事は日本有事でもあるのです。

中国軍が台湾に攻め込めば、否応なく南西諸島の一部は戦場になるでしょう。

また、アメリカ軍が在日米軍基地から台湾救援に向かうことになれば、中国軍はその基地をあらかじめ攻撃するはずです。在日米軍基地への攻撃は日本領土への攻撃であり、日本は自分の国を守るために戦うしかなくなります。

そうやって日本が戦争に巻き込まれることを考えると、台湾有事は絶対に避けなければいけない事態です。

私たち日本人としては、中国に対して「武力侵攻はやめなさい。平和的な話し合いで問題を解決するべきだ」と声を大にして言わなければならないのです。

コラム
4
地図でわかる世界

アフリカ――国境線が直線なのはなぜ？　白い部分は何？

◉アフリカの国境線、直線が多いのはなぜ？

アフリカの地図を見て「ちょっとほかとは違うな」と思ったことはありませんか。アフリカに特徴的なのは、国境線がまっすぐなところがかなりあることです。普通、国と国を分ける境目には谷があったり、川があったり、山があったりして、国土が自然環境によって形作られることが多いのです。

ところがアフリカ大陸では、イギリスやフランスが植民地にするときに勝手に国境線を引きました。それぞれが「ここは俺のものだ」、「じゃあ、俺はこっちをもらう」と言って、勝手に線を引いたために直線が多くなったわけです。

アフリカの国境線は直線が目立つ

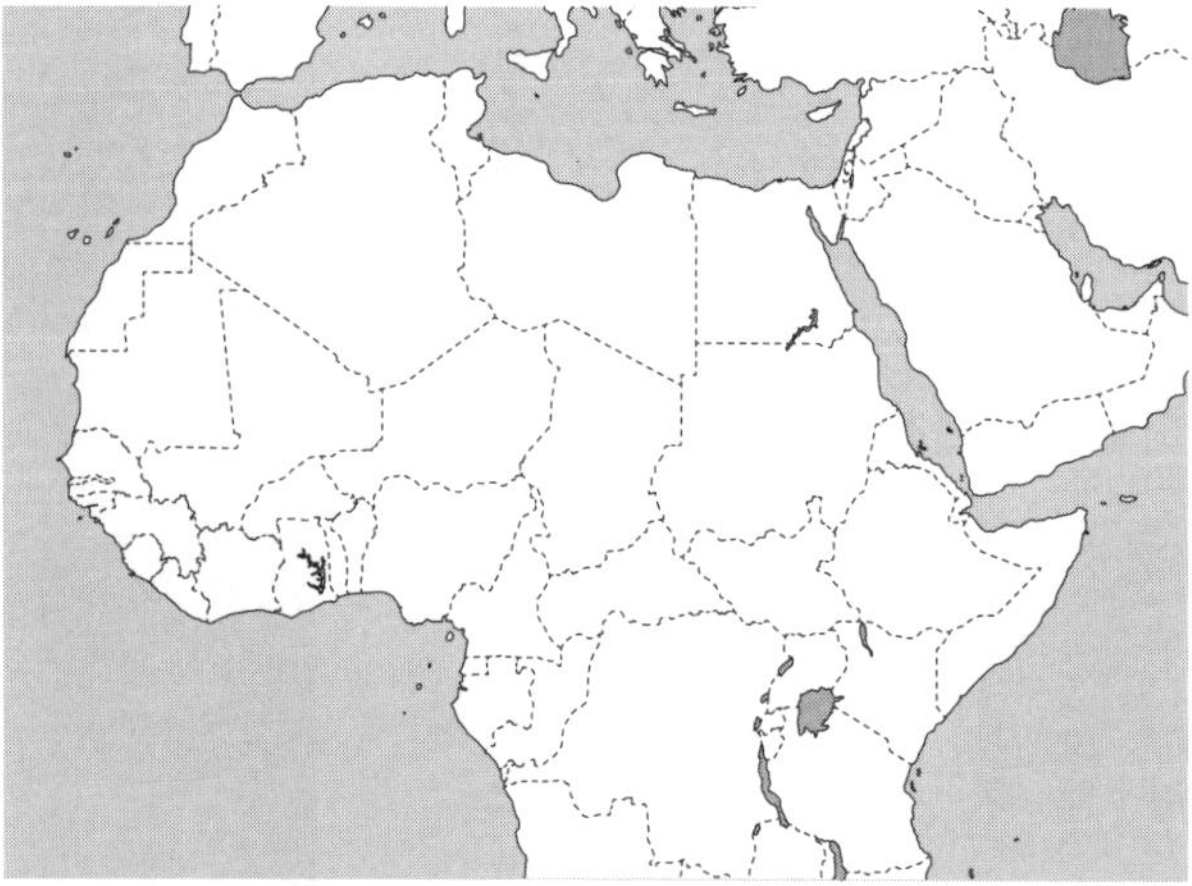

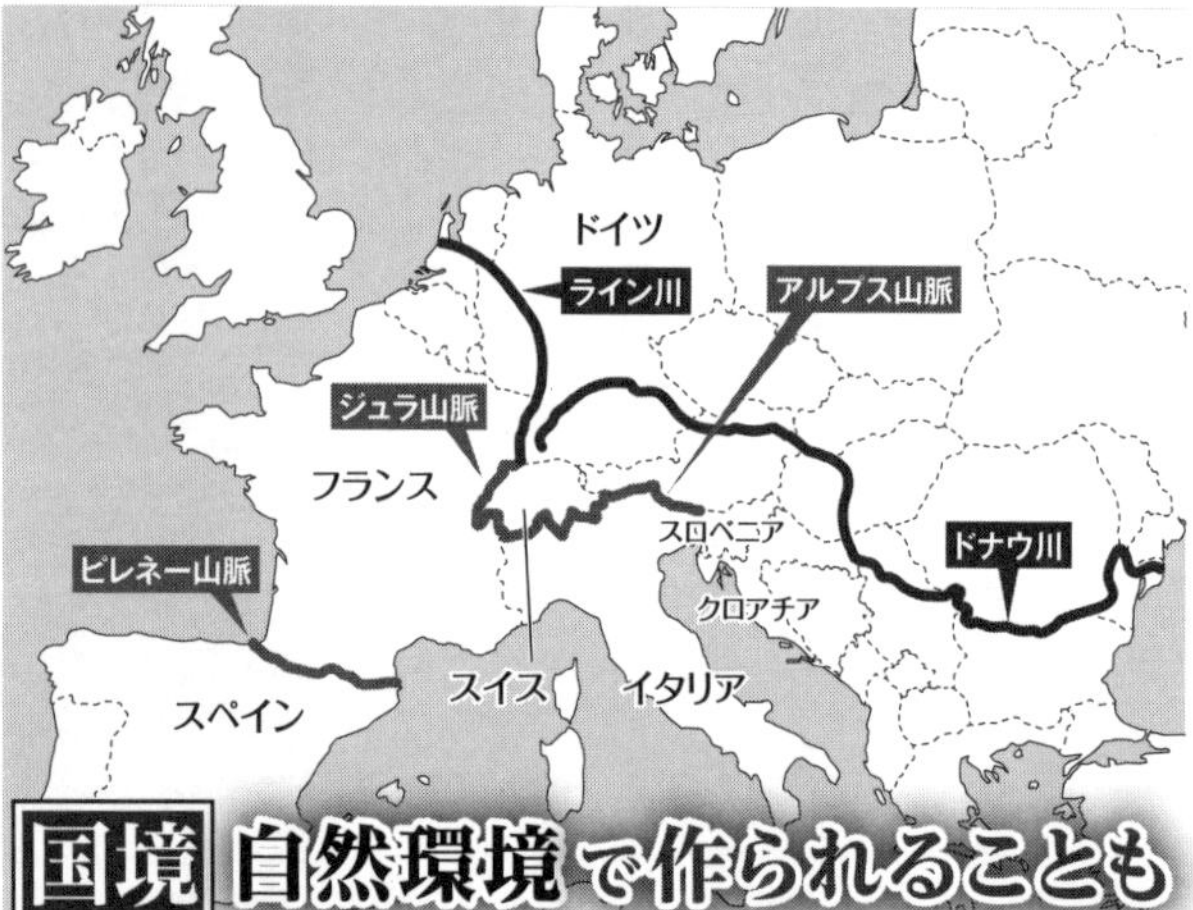

もともと一つの国をフランスとイギリスで分けてしまった

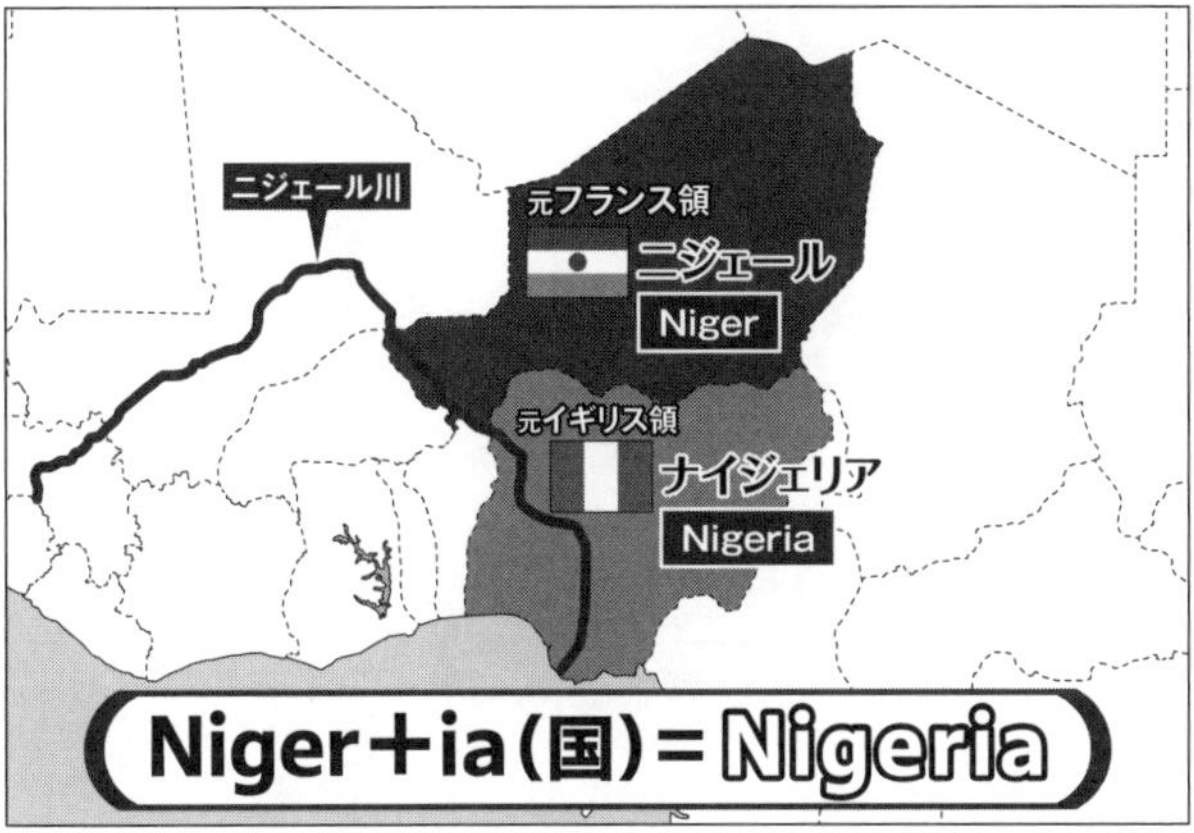

◉国名や国旗に秘められた物語とは？

植民地時代の名残は国の名前にも見られます。

たとえばニジェールとナイジェリアは、もともと同じ言葉だと知っていましたか。

西アフリカのニジェール川は「大きな川」とか「黒い川」とかいう意味を持っていますが、その北側をフランスが植民地にしたので、独立後はそのままニジェールという国名になりました。

南側はイギリス領だったため、ニジェールを英語で書いて後ろに国を意味するiaを付け、英語読みするとナイジェリア

アフリカの国旗に赤、黄色、緑が多い理由

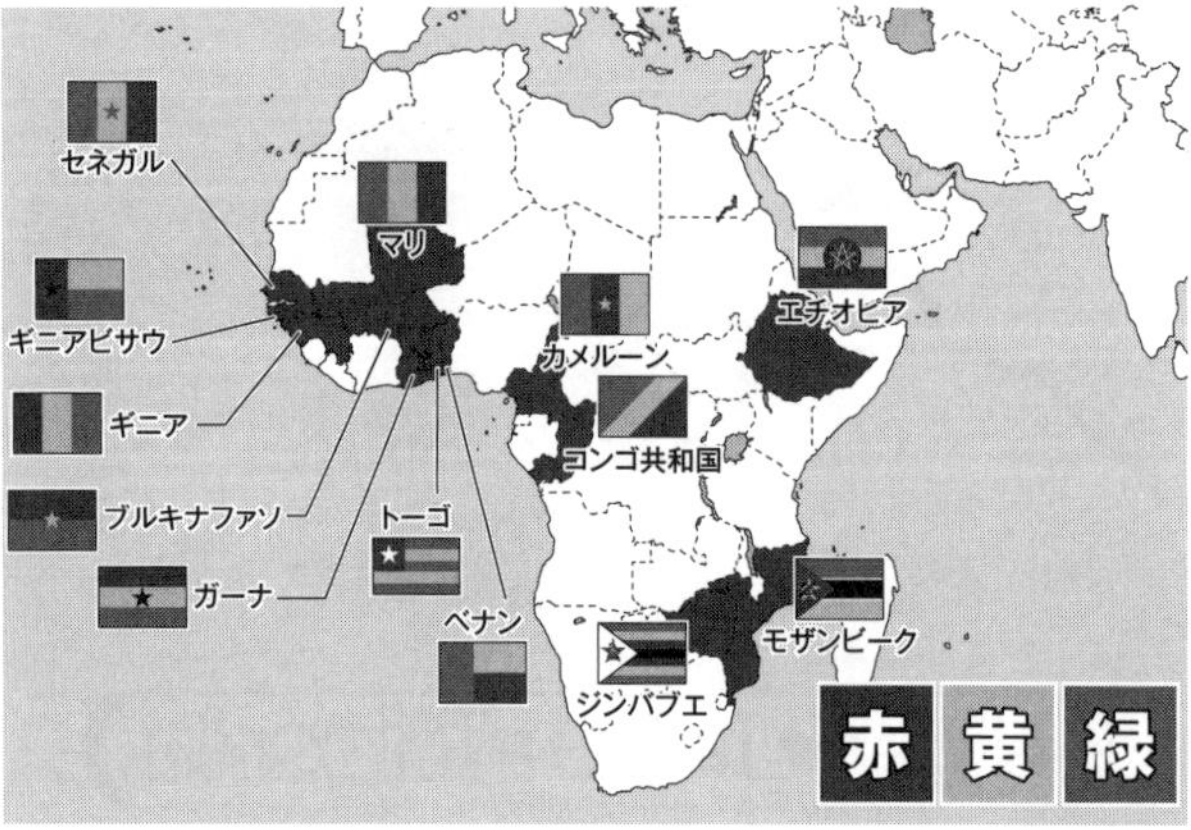

になることからそれが国名になりました(Niger＋ia＝Nigeria)。
もともと同じニジェールをフランスとイギリスで分けてしまったのでこうなったのです。
アフリカの国々で国旗によく使われる色は赤と黄色と緑です。これはなぜだと思いますか？
アフリカはヨーロッパの植民地になっていた国が多いわけですが、エチオピアだけは1936年にイタリアに占領されてしまうまで約3千年間、独立を保っていました。その強さにあやかって、他の国もエチオピアの国旗の三つの色を参考

にして国旗を作ったといわれています。

●色が塗られずに白くなっている理由

地図帳でアフリカ大陸をよく見ると、白い部分があります。他にもインドの北部や日本の近くにも、同じように白くなっている部分があります。この白い部分って何でしょう?

地図を作るときに国の色を塗り分けることがありますが、何色に塗ったらいいのか非常に微妙なところは、特定の色に塗ると政治的な問題になるので色を付けないで白くしているのです。

日本の地図の場合、日本はサンフランシスコ平和条約(1951年)で南樺太と千島列島を放棄すると約束しました。しかし、この条約にロシア(当時のソ連)は調印しませんでした。

ということは、日本とロシアは国境が画定していない、北方領土をめぐってロシアと話がまとまっていないわけです。

地図中の白い部分ってなに？

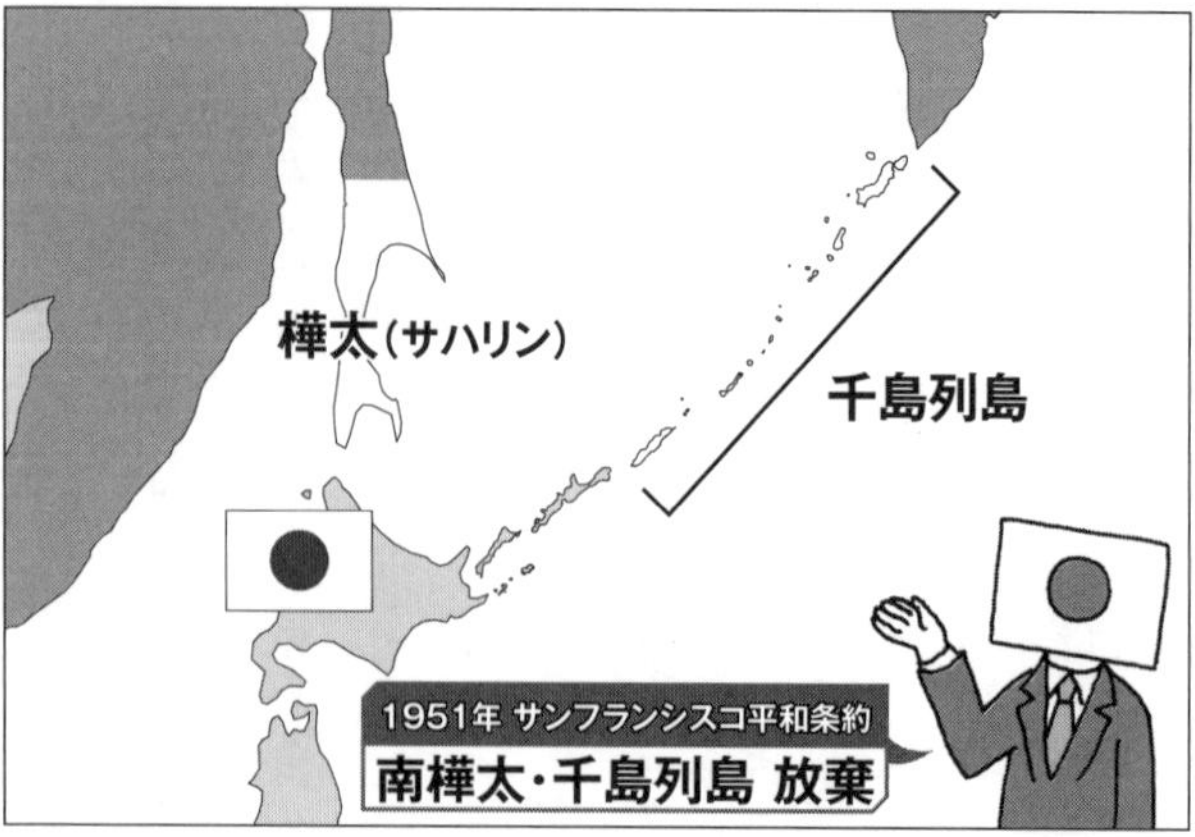

国境を画定するためには平和条約を結ぶ必要があるのに、ロシアとの間では今なお平和条約が結ばれていないのです。日本は南樺太と千島列島は放棄したけれども、放棄したところがロシアのものだということまで認めたわけではありません。そこで、どこの国の領土でもないことを示すために白くしています。

そうすることによって、早くロシアとの間で北方領土問題を解決して国境線を引こうではないか、というアピールにもなっているのです。

第5章

geopolitics

「日本の安全」を地政学で読み解く

——日本が世界の脅威に対抗するには？

◉海に囲まれた島国は攻められにくい

日本は周囲を海に囲まれた島国です。地政学的に見ると、海が天然の要害となって外国から侵略されにくいという性格があります。陸続きの国だと、いつ隣国が国境を越えて侵入してくるか分からない怖さがありますが、日本は歴史的にそういう心配をあまりしなくても済みました。

ただ、外国から攻められたことがなかったわけではありません。特に日本史上の大事件として有名なのが、鎌倉時代の元寇《げんこう》です。モンゴル高原から興って大帝国を築いた元が、朝鮮半島の高麗《こうらい》を従えて日本に攻めてきました。

文永の役（1274年）では、元軍が約3万の兵力で対馬《つしま》、壱岐《いき》を経て博多に上陸し、鎌倉幕府の御家人《ごけにん》勢がこれを迎え討ちました。この時は元軍がすぐに引き揚げたため、それ以上侵攻されることはありませんでした。

元軍が再び大軍勢で押し寄せたのが弘安の役（1281年）です。この時の兵力は約14万と圧倒的でした。勇猛な武士たちが奮戦したものの、多勢に無勢で危うかった

地政学的に見る日本

のですが、台風が襲来して元軍は総崩れとなります。海の底へ沈んだ船も多く、残った軍勢は母国へ敗走しました。

次にやってきた危機は、ペリー来航に始まる幕末の動乱期です。1863年に薩摩藩とイギリス艦隊が戦った薩英戦争、翌年にかけては長州藩と四国連合艦隊（英米蘭仏）が戦った下関戦争が起きています。

日本史上最大の戦争となった太平洋戦争では、日本各地がアメリカ軍の空襲を受けました。沖縄では地上戦が行われ、終戦間際に広島と長崎は原爆の惨禍に見舞われました。

このような歴史を持つ日本ですが、島国であることが幸いして外国から攻められることは少なかったと言えます。

戦後80年近くが経過し、この間、日本は平和を享受してきました。しかし、技術進歩により武器が飛躍的な発達を遂げた今、海に囲まれた島国といえども決して安全とは言えません。

遠く離れたところからミサイルが飛んでくるかもしれないし、広大な海に点在する離島は上陸して占領される恐れがあります。

◉日本の近くには三つの核保有国がある！

東アジアの地図を思い浮かべてみましょう。日本の近くには、核兵器を保有し、軍事力を強化して他国に攻撃的な姿勢を取る国が三つあります。ロシア、北朝鮮、そして中国です。

ロシアは2022年2月、突如、隣国のウクライナに侵攻し、国際社会を大混乱に陥れました。東西冷戦が終わり、本来なら世界の平和に責任を持つべき立場なのに、他国を侵略するという暴挙に出たのです。侵攻開始から1年以上経っても、ウクライナ東部や南部を占領したまま撤退の動きを見せていません。

そのロシアは日本の北方領土の不法占拠を続けています。長年にわたる私たちの返還要求にも応じてきませんでした。それどころか、最近は北方領土の実効支配を強化して、軍事基地化を進めているとみられています。

北朝鮮はどうでしょうか。第二次世界大戦が終わった後、朝鮮半島の北半部はソ連の占領下に置かれました。ソ連の支援を受けて1948年に独立した北朝鮮は、最高指導者の金日成《キムイルソン》氏が国内の支配を盤石《ばんじゃく》にすると、それ以降、金一族が世襲する独裁国家として今日に至っています。

独裁国家は、頂点に立つ独裁者の命令一つで何をするかわからない恐ろしさがあります。実際、1950年に韓国に侵攻して朝鮮戦争を引き起こし、ソウルオリンピック前の1987年には大韓航空機を空中で爆破して、乗っていた115人全員を死亡させました。横田めぐみさんをはじめ多くの日本人を拉致したのも北朝鮮です。

北朝鮮の核・ミサイル開発の技術も着実にレベルアップしてきました。3代目の最高指導者、金正恩《キムジョンウン》氏（朝鮮労働党総書記）は、特にこの方面に力を入れており、北朝鮮が過去6回行った核実験のうち4回が金正恩氏の時代です。すでに6回目の核実験（2017年9月）から5年以上経っており、いつ7回目の核実験があってもおかしくないといわれています。

また弾道ミサイルなどの発射数も、2代目の金正日《ジョンイル》氏の時は16発（1994年～2011年）にとどまったのに対し、金正恩氏になってからは157発（2012年～23年2月）と格段に増えました。（出典：防衛省）

特に2022年は59発とほとんど毎月のようにミサイルを発射し、その中には日本の上空を通過したものもあれば、日本の排他的経済水域（EEZ）内に着弾したものもあります。

日本にとって頭が痛いのは、通常より高く打ち上げるロフテッド軌道の弾道ミサイルです。これは垂直に近い角度で落下してくるため迎撃が難しいといわれています。またマッハ5（音速の5倍）以上の速度で不規則な軌道を描いて飛ぶ極《ごく》超音速ミサイルも迎撃は困難とされます。何より日本をめがけて同時多発的に弾道ミサイルを発射

北朝鮮による核実験・弾道ミサイル等発射

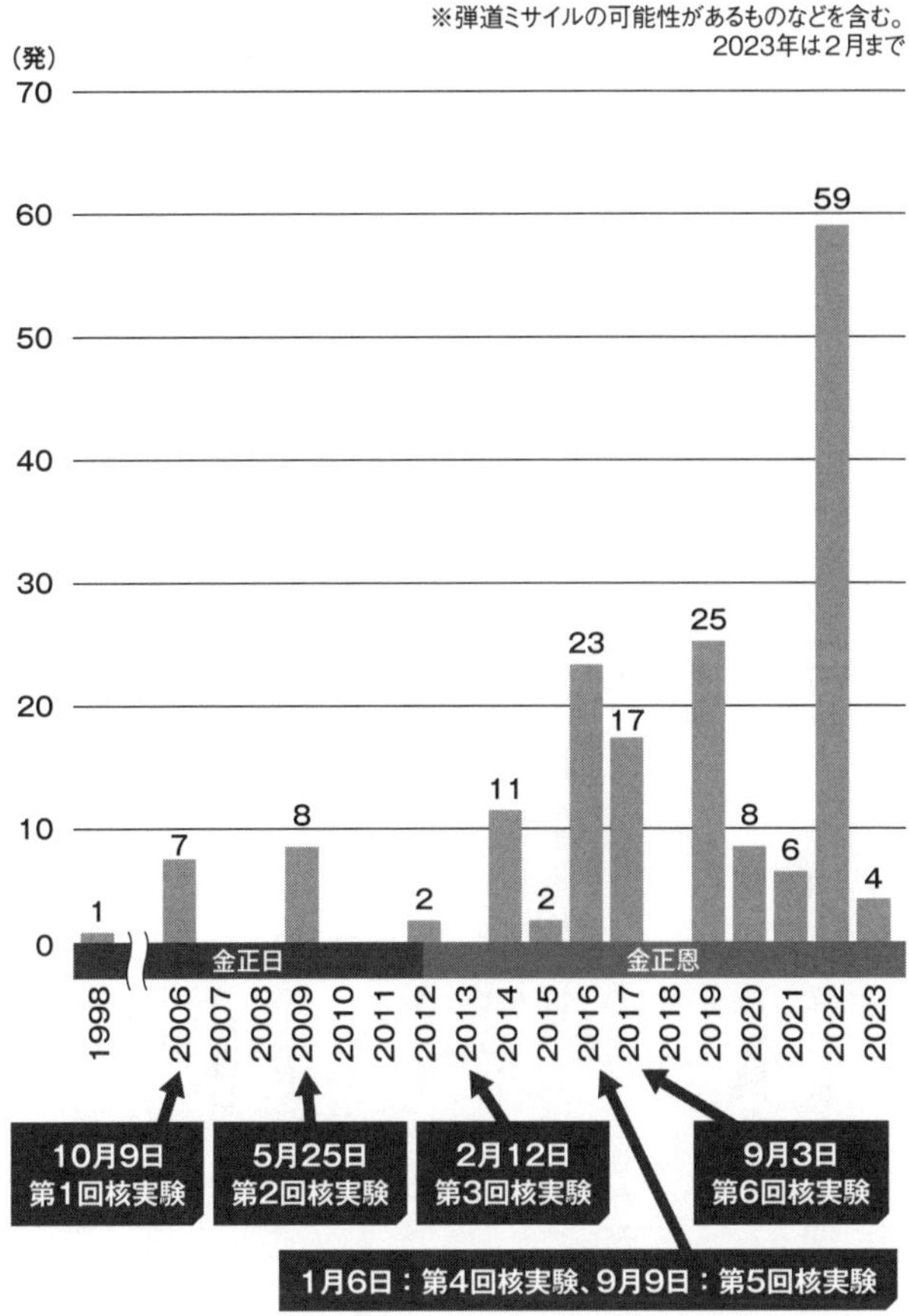

※弾道ミサイルの可能性があるものなどを含む。

出典：防衛省資料

されたら、その全てを迎撃するのは事実上、不可能です。

北朝鮮はアメリカ本土に届くような長距離弾道ミサイルを開発する一方、韓国や日本を射程に収める短距離・中距離の弾道ミサイルも保有しており、日本政府は「わが国の安全に対する重大かつ差し迫った脅威」（『2022年版防衛白書』）と捉えています。

中国については、1972年の国交正常化以来の日中友好の歴史があり、日本とは経済的な結び付きも深く、多くの日本企業が中国に進出しています。しかし、1990年代から続いた経済成長を背景に中国は軍備増強に力を注ぎ、現在ではアメリカに追いつくのは時間の問題といわれるほど強大な軍事力を持つようになりました。また日本を抜いて世界第2位の経済大国になったのは、もう10年以上前のことです。

中国はこの軍事力と経済力を使って、基本はランドパワーの国でありながらシーパワーも握ろうと積極的に海洋進出を図ってきました。

さらに、中国が近年、南シナ海で七つの人工島を造成し、軍事拠点を作るなど強引とも思えるやり方を取ってきたのは、核保有国として自信を深めたことも関係しているかもしれません。

アメリカ国防総省が2022年11月に発表した中国の軍事力に関する報告書によると、中国の核弾頭保有数は推計で400発を超えています。しかも、その数は27年に700発に増え、35年には1500発に達するだろうということです。

保有する核弾頭数1位のロシア（5977発）、2位のアメリカ（5428発）を、世界3位の中国が急ピッチで追い上げていることがわかります。（出典：ストックホルム国際平和研究所。22年1月の推計）

中国は今のところ核使用を示唆するようなことはしていませんが、いざという時にどのような行動をとるかは未知数です。

◉日米シーパワー連合と緩衝地帯としての韓国

これら3カ国の軍事的脅威にさらされている日本は、どうやって自国の安全を守っているのでしょうか。

三つの核保有国に囲まれている日本が、どこにも頼らずに単独で自分の国を守るのは現実的とは言えません。第1章で述べたように、地政学では島国はシーパワーに分類されます。そこでシーパワーの国日本は、同じシーパワーの大国アメリカと同盟を結び、アメリカに助けてもらうことで自国の安全を守っているのです。これが日米シーパワー連合です。

東アジア全体に目を向けると、アメリカは韓国とも同盟を結んでいます。北朝鮮が中国から見て緩衝地帯だったように、朝鮮半島の南半部を占める韓国は、日本やアメリカから見ると、やはり緩衝地帯です。

かつての朝鮮戦争では、最初は北朝鮮軍が優位に戦いを進め、一時、韓国は滅亡寸前の危機的状況に陥りました。アメリカ軍を主力とする国連軍の上陸作戦の成功で形勢は逆転するのですが、あの時もし韓国が敗北して朝鮮半島全域が北朝鮮の手に落ちていたら、今頃どうなっていたでしょうか。日本に迫る北朝鮮の脅威は、はるかに大きなものになっていたと考えられます。

つまり、緩衝地帯としての韓国が38度線で北朝鮮と対峙《たいじ》し、その韓国を同盟関係にあるアメリカが助けることで北朝鮮の暴発を防いでいるわけです。

このように、日米同盟と韓米同盟、そこに日韓の連携を加えた日米韓3カ国の協力によって東アジアの安全、そして日本の安全が守られるというのがこの地域の安全保障の基本的な構図です。

具体的には、シーパワー大国アメリカは日本にアメリカ軍の基地を置くことで北朝鮮に対して、あるいはロシアや中国に対して圧力をかけています。第3章でも解説したように、核兵器を保有する3カ国の動きを牽制する絶好の位置にあるのが日本列島であり、そのためアメリカは日本各地にたくさんの基地を置いているのです。

●台湾有事で石垣島、尖閣諸島はどうなる？

このところ東アジアで大きな問題になっているのが、中国と台湾の関係です。異例の3期目を迎えた習近平政権は台湾統一に意欲を見せており、その際、最終的手段として武力行使を排除しないと明言していることが危機感を高めています。

武力を使って台湾に侵攻するなんて、まさかそんなことはしないだろうと思いたいですが、ロシアのウクライナ侵攻が現実に起きたことで多くの人が「ひょっとしたら」と考えるようになりました。

もし台湾を攻撃する場合

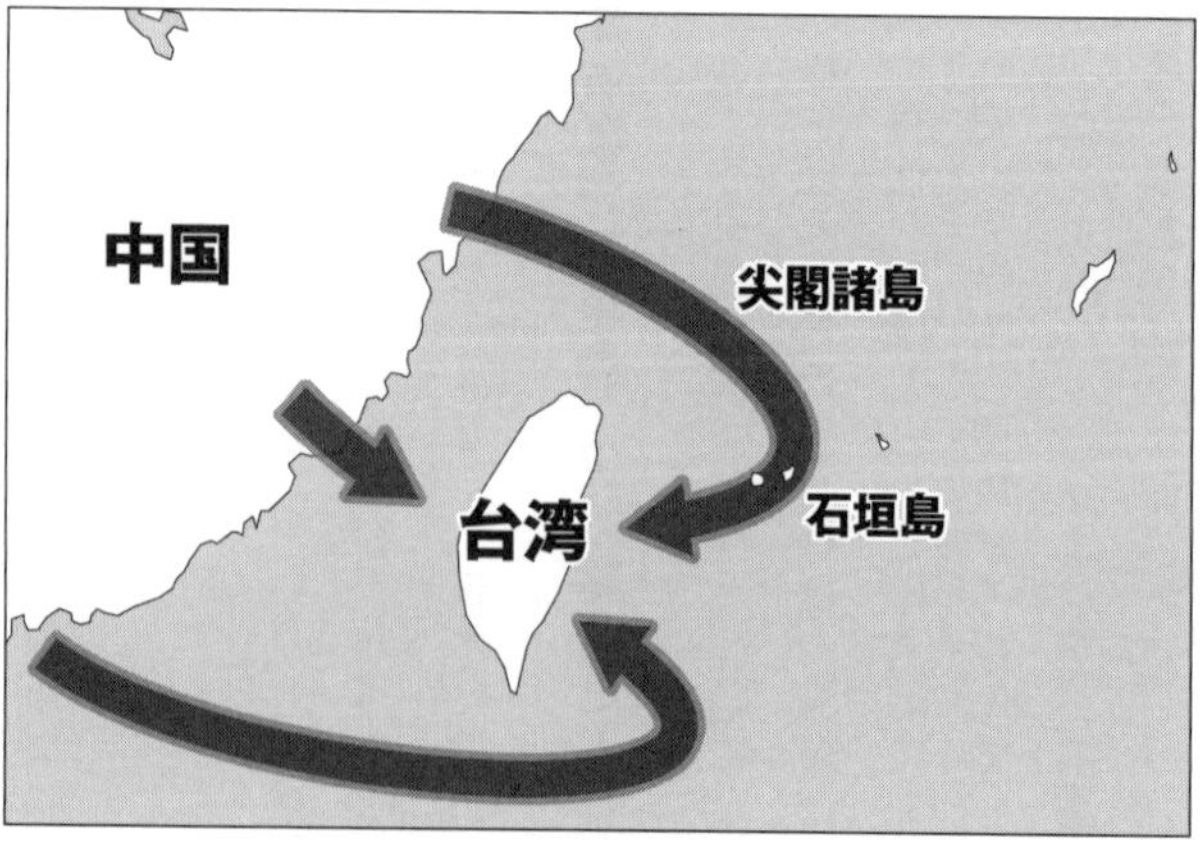

中国が台湾に侵攻する場合、中国から見て石垣島や尖閣諸島は邪魔になります。日本が軍事拠点を築いて中国軍の動きを妨害すれば、中国軍は思い通りの作戦を行えないからです。

逆に言えば、中国が本当に台湾を攻める気になったら、先に石垣島や尖閣諸島を取りにくる可能性もあるはずです。それらの島々を占領して、中国軍が台湾侵攻の出撃基地にしかねないということです。

したがって、日本が石垣島や尖閣諸島を断固として守り抜くことは、中国の台湾侵攻を許さない、台湾に侵攻させないという意味があるのです。

◉「ウクライナは明日の東アジアかもしれない」

ロシアのウクライナ侵攻を見て、「ロシアは怖い。日本にも攻めてくるのでは？」と不安を感じている人もいると思います。

では、ロシアの脅威をどう考えたらいいのでしょう？　それにはまず北方領土が不法に占領されたことを思い返す必要があります。

第二次世界大戦で戦勝国となったロシア（かつてのソ連）は、日本が戦争に敗れ、降伏の意志を明らかにした後も日本への攻撃を続けた国です。

日本は1945年8月14日にポツダム宣言の受諾を決めて連合国に通告、15日に国民に発表しました。その翌日、日本軍の全部隊に18日午後4時を期限とする戦闘停止命令を出します。

ところが、ソ連軍が北方領土を攻撃して占領したのは8月28日から9月5日にかけてです。日本は国際法に違反する不法な占領だと抗議を続けてきましたが、ロシアは戦勝国が獲得した正当な領土だと主張しています。

実は、当時のソ連首相スターリンは北方領土だけでは飽き足らず、北海道の東半分の占領をもくろんでいたといわれています。しかし、千島列島を南下して攻めてくるソ連軍に対し日本軍が必死になって抵抗したため、ソ連軍は北方領土に到達するのが遅れ、北海道本島に上陸できませんでした。

戦後の日本は、特に冷戦が終わって以降、ロシアとの間で北方領土問題を解決して平和条約を結ぶ交渉を粘り強く続けてきました。冷戦の終結からすでに30年以上が経っています。にもかかわらず、ウクライナ侵攻の直後、ロシアにより一方的に交渉を打ち切られました。

平和条約が結べないということは、日本とロシアの関係は依然として不正常だということです。

岸田文雄首相は2022年5月、イギリスを訪問した際、「ウクライナは明日の東アジアかもしれない」と述べています。ほとんどの人が予想していない中でロシアはウクライナを侵略しました。だとすれば、ロシアの東隣に位置する日本も危ないのでは

ソ連軍の北方領土侵攻 1945年

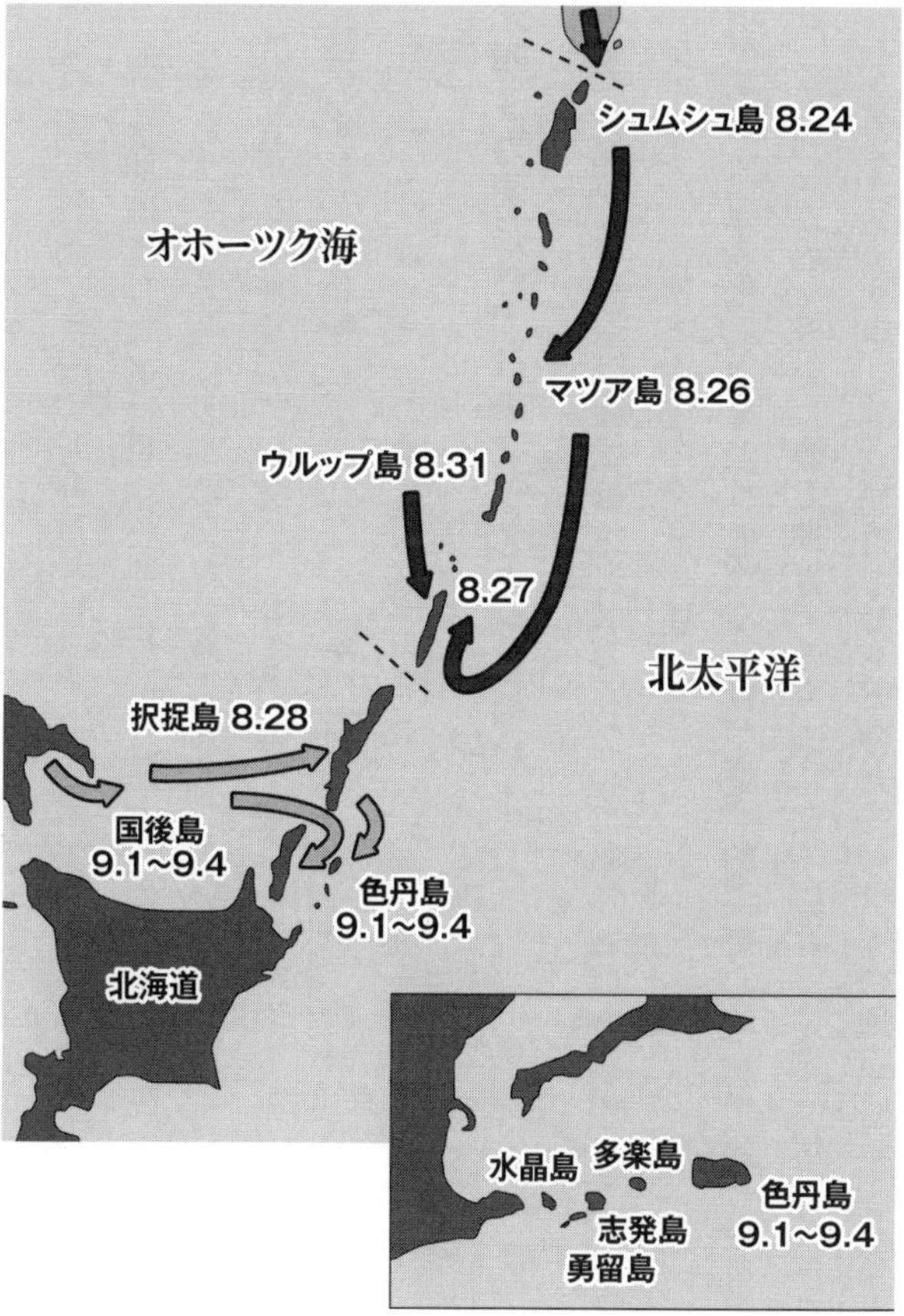

出典：外務省『われらの北方領土2020年版』

ないか、ということです。

日本はG7（先進7カ国）の一員として、侵略国であるロシアに経済制裁を科しました。これを理由にロシアは日本を非友好的な国とみなしています。

現在、ウクライナ方面に多くの兵力を投入しているロシアには、日本に手を出すような余裕は全くありません。しかし、もし余力を残して停戦するか、あるいはウクライナに勝利するようなことがあれば、今後、何かの機会に、敵対国の日本に牙《きば》をむく可能性もないとは言えないのです。

●日米韓3カ国だけでは東アジアを守れない！

日本を取り巻く安全保障環境は年々厳しくなっているといわれています。その要因の一つが軍事大国化する中国の存在です。

中国が軍事力の強化に力を入れているのは、長期的で野心的な目標があるからです。その目標とは、アメリカをしのぐ世界一の大国になること。中華人民共和国建国100年にあたる2049年には、経済力でも軍事力でも世界の頂点に立つんだというのが彼らの望みです。

中国が海洋進出を活発化させているのは、この目標達成をにらんでのことです。「歴史上、ランドパワーとシーパワーを併せ持つことに成功した国はない」というのが地政学の見方でした。しかし、中国は今、本気で二つのパワーを握ろうとしているように見えます。

このように国際環境が厳しくなるにつれて、日米のシーパワー連合や日米韓3カ国の連携だけでは東アジアの安全を守るのが難しくなってきました。特に心配されるのが尖閣諸島や台湾での有事です。

◉オーストラリアが日本の準同盟国になった

情勢の変化を受けて、最近、日本と軍事面で結びつきが強くなっている国がありま す。さて、どこだかわかりますか？

ヒントは、日本が牛肉を一番たくさん輸入している国です（出典：「財務省貿易統計」2021年）。と言えば、答えを教えたようなものですね。オージー・ビーフの国、オーストラリアです。

日本の同盟国といえばアメリカですが、実は最近、軍事的な関係を強化しているのはオーストラリアです。日本とオーストラリアの間には、日本とアメリカが結んでいる日米安全保障条約のようなものはありません。その代わり、自衛隊とオーストラリア軍が共同で軍事演習をしたり、防衛装備品の共同開発を行ったりという安全保障上の協力関係を深めています。

今では日本の準同盟国といわれることも多く、オーストラリアは日本にとってそれだけ大事な国になっているのです。

●中国海軍がオーストラリア周辺に出没

日本とオーストラリアが軍事的な関係を強化するようになったのは、中国の存在が大きく関係しています。

中国による海洋進出は、南シナ海や東シナ海にとどまらず、南太平洋にも及んでいます。その結果、オーストラリアの周辺に中国の海軍艦艇がしきりに出没するように

日豪首脳会談を前に握手する両首脳

写真：共同通信

なりました。これに危機感を覚えたのがオーストラリアです。

オーストラリアの北方や東側から赤道近辺にかけては、親日的なパラオ、ミクロネシア、マーシャル諸島をはじめ南太平洋の島嶼《とうしょ》国が14カ国あります。

中国はこの14カ国のうち10カ国と外交関係を結んで関係を強化してきました。さらに2022年4月、中国がソロモン諸島と安全保障協定を締結したことがオーストラリアやアメリカに衝撃を与えました。

近い将来、中国がソロモン諸島に軍事拠点を置くことが予想され、太平洋におけるオーストラリア軍とアメリカ軍の連携が、中国海軍によって妨害される恐れが出てきたのです。オーストラリアとアメリカ軍基地のあるハワイやグアムとの間で自由な往来ができなくなるかもしれないということです。

中国と安全保障協定を結ぶ国がこれから増える可能性もあり、オーストラリアは中国の脅威を深刻に受け止めています。

一方の日本も尖閣諸島や台湾の問題で中国の脅威を感じているわけで、日豪両国は共通の問題意識を持つようになりました。

しかも、お互い民主主義と資本主義の国です。ならば、価値観が同じ国同士もっと仲良くしていきましょう、軍事的な面でも協力しましょう、ということで関係が深まってきたのです。

◉経済でも無くてはならないほど重要な国

日本はオーストラリアから牛肉をたくさん輸入しています。でも、輸入しているのはそれだけではありません。私たちの生活に欠かせないあるものもたくさん輸入して

日本が輸入する相手国別比率（2021年度）

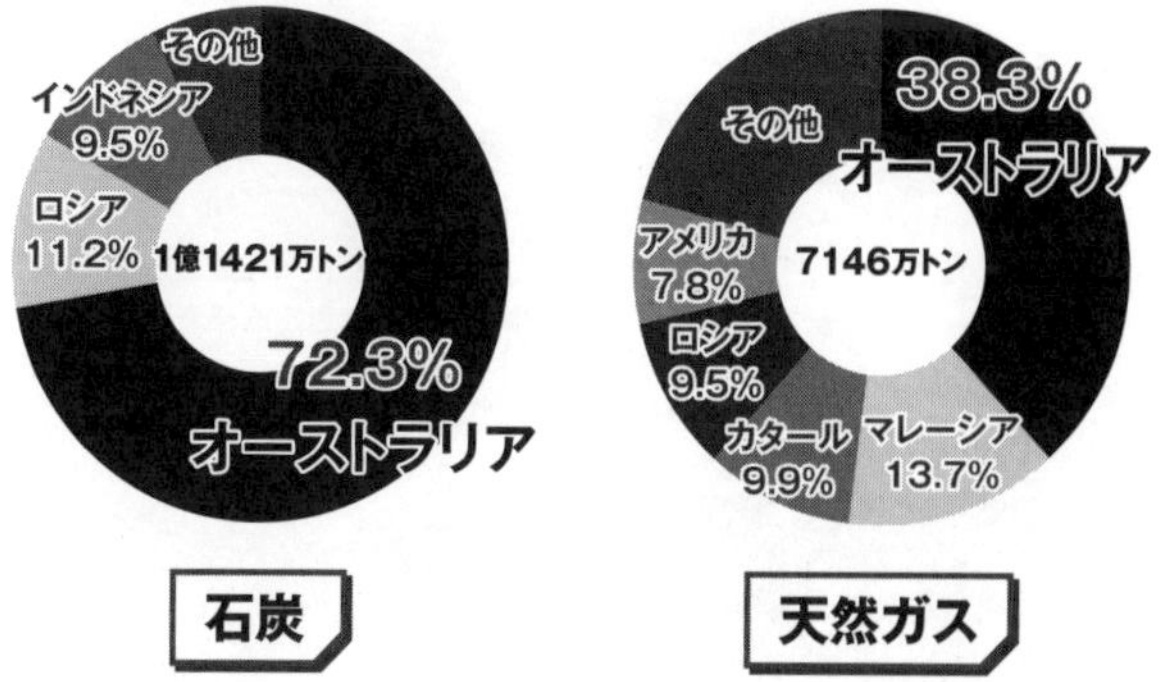

出典：財務省「日本貿易統計」を基に作成

います。何だかわかりますか？

何といってもエネルギーです。日本が輸入する石炭の7割以上がオーストラリアからです。また、意外と知られていないのが天然ガスです。天然ガスの輸入もトップはオーストラリアで、全体の4割近くを占めています。

エネルギー資源の大半を海外に頼っている日本は、石炭や天然ガスがオーストラリアから入ってこなくなったら死活問題です。

特にロシアによるウクライナ侵攻で世界的なエネルギー供給不足が起きている現在、日本にとっては、よりいっそうオ

中国が主導権を握ろうとしているRCEP

ーストラリアの存在が大事になってきているということです。

●RCEPは中国の存在感が大きい

最近、ニュースでもよく聞くようになった国際的グループのうち、日本が参加しているアジアの経済的グループにRCEP（アールセップ）があります。

RCEPは「東アジア地域包括的経済連携」と言って、日本のほか中国、韓国、オーストラリア、ニュージーランド、そして東南アジアの10カ国が加盟しています。日本は太平洋の両岸の国々が参加するTPP（環太平洋経済連携協定）を重視していたのですが、アメリカがトランプ政権の時に離脱してしまい、それとは別にアジアで似たようなものを作ろうということでRCEPができました。

加盟する国同士でもっと関税を引き下げて貿易を活発にしようというのがその狙いです。

ただ、問題もあります。アメリカが入っていないため、中国が経済面で大きな影響力を持っているのです。中国の存在感がとても大きく、言ってみれば、中国が主導権を握ろうとしているのがRCEPだということです。

●中国包囲網としてのQUADとIPEF

確かに経済面で中国は日本にとって欠かせない存在ですが、台湾問題など軍事的に日本の脅威になることも考える必要があります。

そこで作ったのが日本、アメリカ、オーストラリア、インドの4カ国が参加するQUAD（クアッド）です。QUADとは英語で「4つの」という意味です。

アメリカと中国はトランプ政権の頃からずっと対立していて、この傾向はバイデン

インフラの支援などで中国に対抗するやり方を示すQUAD

政権になっても変わりません。オーストラリアも先ほど述べたように中国との対立が激しくなっています。インドも中国とは戦争したことがあり、最近も国境が画定していないインド北東部で軍事衝突したばかりです（2022年12月）。

QUADは、このように中国に対して強い危機感を抱いている4カ国が「自由で開かれたインド太平洋」を実現するために、持続可能なインフラの提供、気候変動対策など、安全保障面を含むいろいろな問題で協力していこうというものです。

持続可能なインフラの提供とは、中国

IPEFはゆるやかな枠組み

のようなやり方、つまり返済能力が十分でない国に高い金利でお金を貸し付けてインフラ整備を行い、返せなくなったらインフラを取り上げるというようなやり方はやめようということです。このようなやり方には持続可能性がありません。そうではなくて、それぞれの国の返済能力を見極めてなるべく低い金利でお金を貸し、インフラを整備した後も、その国がメリットを享受できるようにすべきです。ＱＵＡＤはそういうやり方を支援すると言っています。

この例からもわかるように、ＱＵＡＤには中国に対抗する意味合いがあります。

もう一つ、RCEPに入っていないアメリカは、自らが主導する経済的なグループとしてIPEF（アイペフ）を創設しました。これも中国に対抗する狙いがあります。IPEFは「インド太平洋経済枠組み」という名前からわかるように、「協定」という言葉も「連携」という言葉も使われていません。14カ国が参加しましたが、現時点では拘束力の弱いゆるやかな枠組みにとどまっていて、「とりあえずこれから仲良くしていこう」くらいのレベルです。でも、徐々にアメリカと日本で中身を充実させていき、中国包囲網を作っていこうとしています。

日本は中国との貿易も大切なのでRCEPに入っていますが、アメリカとの関係はもっと重要なのでIPEFにも入っているわけです。

●いま注目の経済安全保障とは？

ロシア、北朝鮮、中国など脅威となる国々から自分の国の安全を守るためには、軍事だけに頼るのではなく、軍事とは異なる視点も必要です。

最近注目されているのが、必要な物資を確保したり、最新技術の流出を防いだりし

新型コロナウイルスの世界的流行により日本で起きたこと

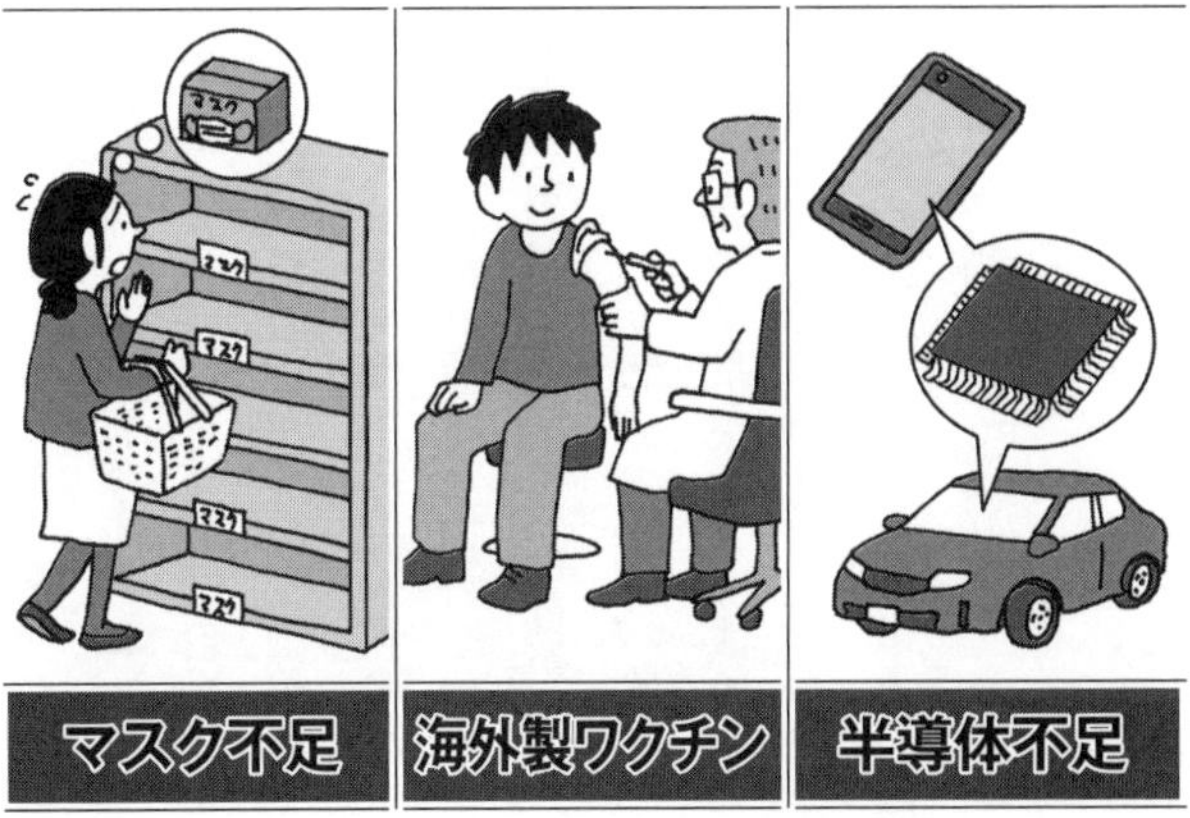

て安全を守る経済安全保障という考え方。安全保障というと軍事、防衛をイメージするのが普通ですが、経済安全保障は経済的な脅威から国を守ろうというもので、武力攻撃から国を守る安全保障とは別の概念です。

そのきっかけになったのは、新型コロナウイルス感染症の世界的流行です。新型コロナウイルス感染症が広がった途端にマスク不足となり、日本はマスクのほとんどを中国から輸入していたと知って驚いた人が多かったのではないでしょうか。ワクチンも、多くの国民が国産ワクチンを心待ちにしていたにもかかわらず、結局、アメリカのファイザー製とモデルナ製を主に使うことになりました。日本は医学や医療の水準は高いはずなのに、海外から輸入するしかなかったわけです。

スマートフォンやパソコン、自動車、家電などに欠かせない半導体も、日本は大半を輸入していたため、海外の企業が新型コロナウイルスの影響で操業停止に追い込まれると、たちまち半導体不足に陥りました。

このように日本は重要な物資を輸入に頼っているため、世界で何か大きな災害や戦争、紛争などが起きると、それらが入ってこなくなり、みんなが困ってしまいます。そこで、現在はこれを教訓として、物資の調達先を特定の国や地域に偏らないようにするとか、自分たちで開発できるようにしようとかいう動きが広がってきました。国もそうした動きを財政的に支援する方向で動いています。

また、物資の調達先を多角化する際は、できるだけ自国の脅威となる国やリスクの高い国は避け、同盟国や友好国、あるいはリスクの少ない国のネットワークを活用するのが原則です。

ロシアによるウクライナ侵攻では、ロシアは経済制裁への対抗措置として天然ガス

国を守る「経済安全保障」とは？

の供給をストップしたため、ドイツなどロシア産天然ガスに依存していたヨーロッパの国々は、代わりのエネルギー資源を入手するために大変な苦労をし、しかも価格の高騰に悩まされることになりました。

これは天然ガスの輸入をロシアというハイリスクの国に依存しすぎてしまったことによる悲劇です。

最新技術の流出が問題になっているのはサイバー攻撃です。米中対立やロシア・ウクライナ問題によってサイバー攻撃の脅威は高まる一方です。

日本のインフラや企業が標的になることも多く、日本を敵視する国のハッカー集団が日本のさまざまな企業にサイバー攻撃を仕掛けて、企業が持つ最新技術や情報をごっそり盗んでしまう事件も起きています。これは日本経済にとっては大打撃です。

こうした事態に対処するため、日本政府はサイバー攻撃対策に力を入れていますが、それぞれの企業がもっと強い危機意識を持って技術流出の防止に努める必要があるでしょう。

◉防衛費増額で安全保障政策を大転換⁉

2022年暮れ、防衛費の増額問題が急浮上しました。世界の脅威、特に増大する東アジアの脅威を前に、日本の防衛が大きく変わろうとしています。

ロシアの侵略と核使用の脅し、中国による台湾近海へのミサイル発射に加え、北朝鮮が前代未聞の頻度で弾道ミサイルの発射を繰り返しています。このように日本を取り巻く環境が目に見えて脅かされる中で、岸田内閣は防衛費を大幅に増やす方針を表明しました。

具体的に何をどうしようというのでしょうか。まずはいくら増やすのか見てみましょう。

2022年度の防衛費は約5兆4千億円でした。これを23年度は過去最高の約6兆8千億円にします。そして5年間でどんどん増やしていって27年度からは毎年約11兆円にしようという計画です。

これまで日本の防衛費はGDP（国内総生産）の約1パーセント、5兆円ほどの水

防衛費 増額イメージ

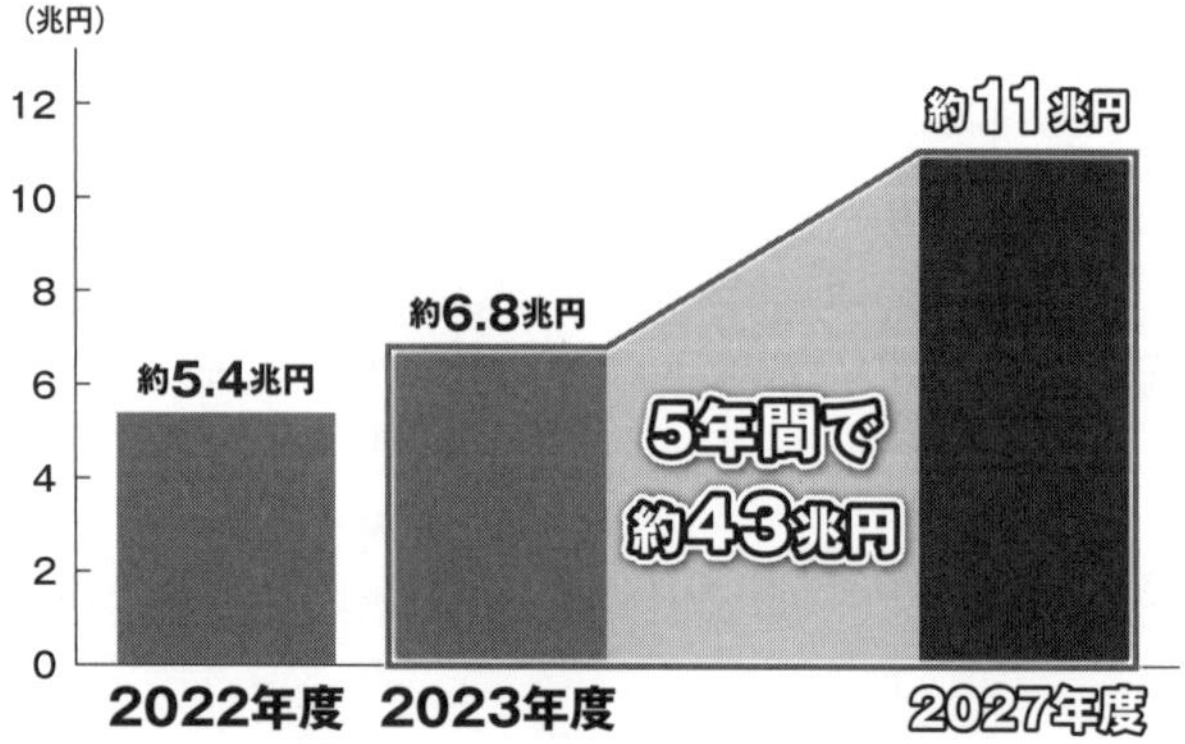

主要国の国防費(2021年度)

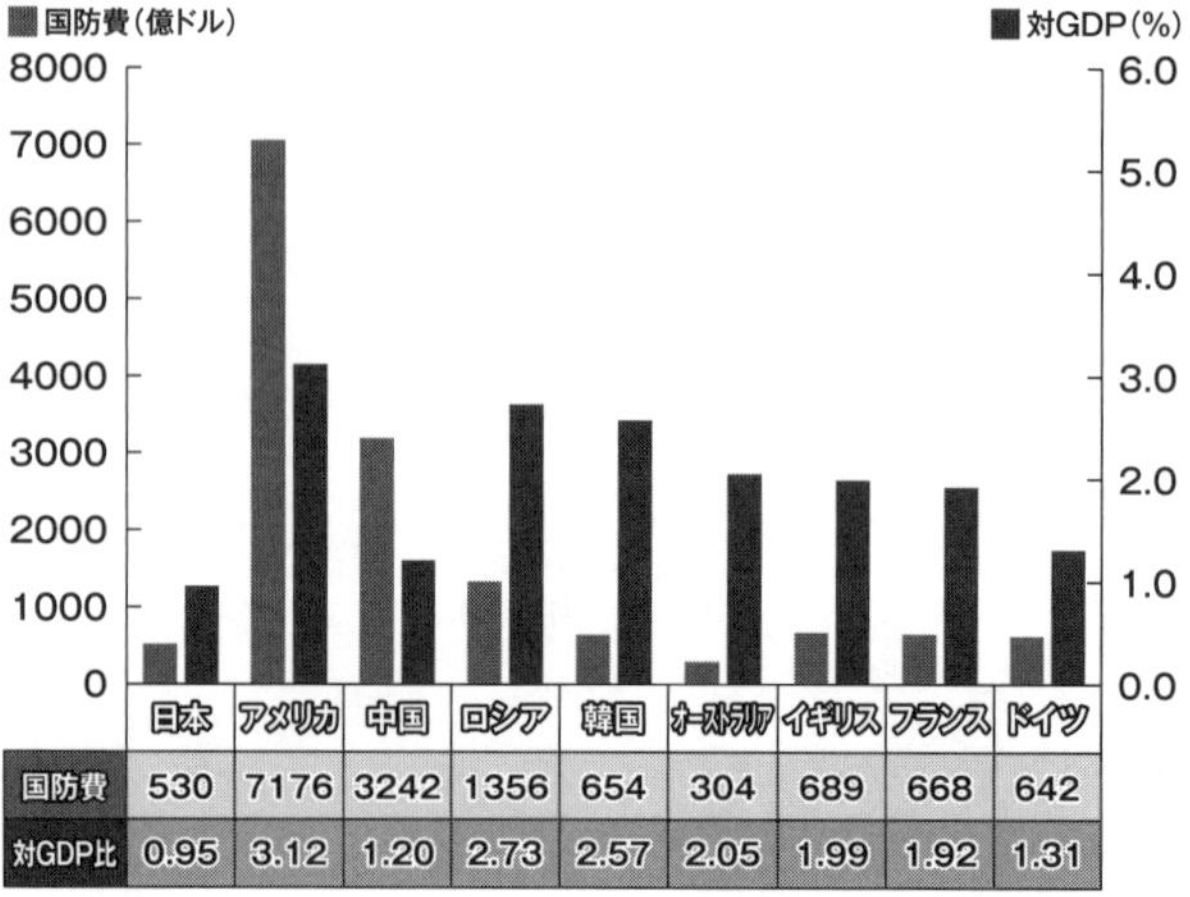

	日本	アメリカ	中国	ロシア	韓国	オーストラリア	イギリス	フランス	ドイツ
国防費	530	7176	3242	1356	654	304	689	668	642
対GDP比	0.95	3.12	1.20	2.73	2.57	2.05	1.99	1.92	1.31

出典：防衛省「令和４年版 防衛白書」

防衛費を2倍にする決定

準を保ってきたのですが、11兆円ともなればGDPの約2パーセントですから一気に2倍になります。

この数字を見れば、今回の決定が歴史的なもので、極めて大きな方針転換だということがわかると思います。

5年後に防衛費がGDPの2パーセントになった場合、世界との比較ではどんなことが言えるでしょうか。2パーセントは高いのか、それとも低いのか？

諸外国と比較すると、ほぼ同じレベルになるということです。データがそろっている2021年度の段階では、日本は対GDP比が0・95ですが、アメリカは

3・12、ロシアは2・73、韓国は2・57、オーストラリア2・05です。日本が2・0までもっていけば、大体同じぐらいになるとみることができます。

そもそも2パーセントという数字がどこからきたかというと、NATO（北大西洋条約機構）です。NATOには、加盟国はGDPの2パーセントを防衛費に充てなさいという目標があるのです。

実際には、21年度はドイツやフランスもまだクリアできておらず、今になって大急ぎで2パーセント台まで引き上げようとしています。日本はこれまでの対GDP比が低かっただけに、一挙に2パーセントを目指しているというわけです。

しかし、5年で2倍にするというのは簡単ではありませんよね。そこでNATOの基準を参考に、これまで防衛費に入れていなかった経費なども追加しようという動きがあります。

●増やしたお金で防衛力を強化する7分野

増やしたお金で何をするのかについては、160ページのイラストに示した通り、

政府は7項目を挙げて重点的に防衛力を強化するとしています。(「国家防衛戦略」22年12月閣議決定)

この中で特に議論の的になっているのが、①スタンド・オフ防衛能力と②統合防空ミサイル防衛能力です。

①は「スタンド・オフ防衛能力」と難しい言い方をしていますが、要するに長距離ミサイルを自衛隊が持てるようにしようということです。スタンド・オフは「離れている」という意味で、スタンド・オフ・ミサイルと言えば、敵の射程外、つまり敵の攻撃を受けない遠く離れたところから発射できるミサイルのことです。

政府はこうした長距離ミサイルを日本で開発すると言っています。ただし、それには一定の時間がかかるため、それまでの間はアメリカから購入して空白期間を作らないようにする方針です。

なぜ今になってこういう話が出てきたかというと、日本は専守防衛が基本なので他国を攻撃する長距離ミサイルを持っていないからです。

専守防衛とは、よその国から武力攻撃を受けた時に武力を行使して自国を守り、そ

増やしたお金で何をするのか？

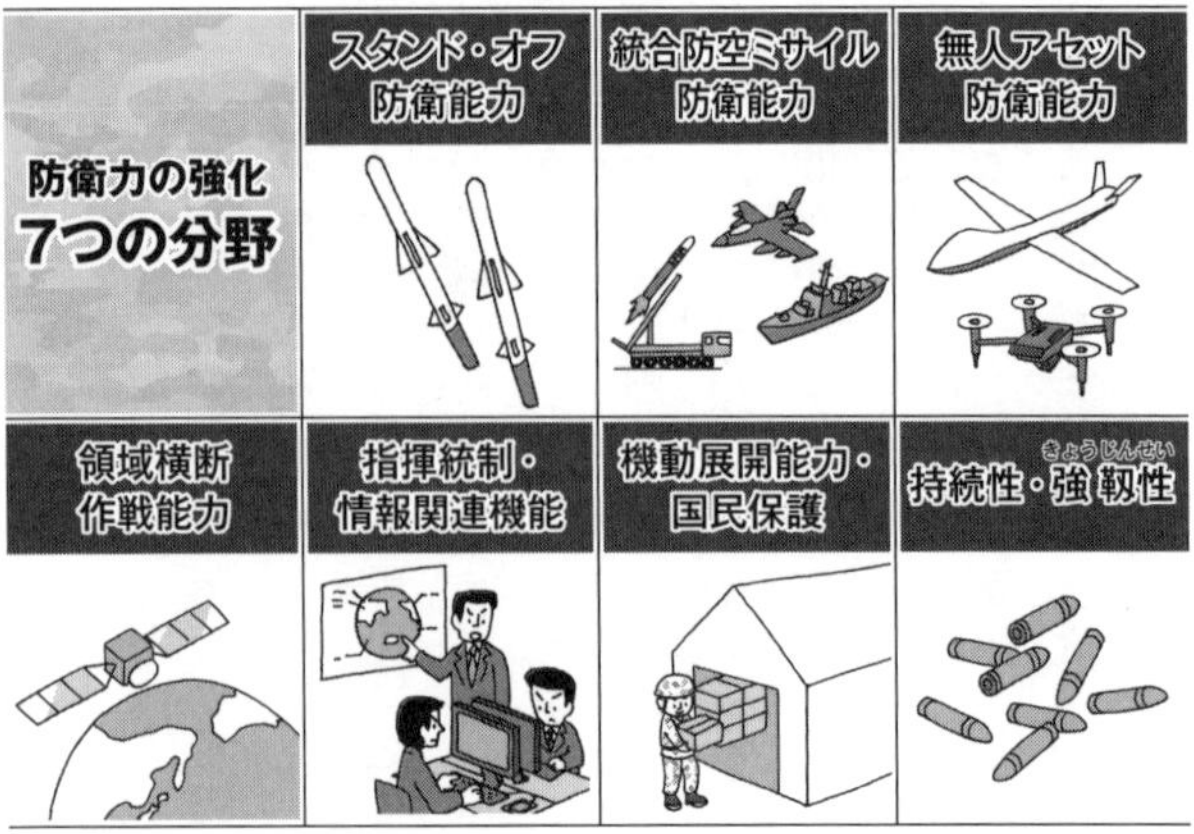

の武力行使は必要最小限にとどめるという考え方です。必要最小限の武力行使である以上、他国まで届くような長距離ミサイルは必要ありません。他国に攻め込んで反撃する役割はアメリカ軍に任せているため、日本は持っていませんでした。

でも、最近になって、「やっぱり長距離ミサイルは必要だ」「アメリカ軍任せにしないで日本としても持っていた方がいい」という意見が増えてきたのです。

②の「統合防空ミサイル防衛能力」は、少し複雑です。現在の日本のミサイル防衛システムは二段構えになっています。他国からミサイル攻撃を受けたら、まず

海上自衛隊のイージス艦がミサイルを発射して迎撃し、撃ち漏らした場合は陸上の高射隊（航空自衛隊所属）がペトリオットミサイル（ＰＡＣ－３）を発射して上空で迎撃します。統合防空ミサイル防衛能力は、現行のミサイル防衛システムを強化して迎撃能力を向上させ、その上で、長距離ミサイルで敵の発射拠点に反撃を加え、それ以上の敵の攻撃を防ごうというものです。

この反撃では、敵がミサイル攻撃を始める前に、その兆候をつかんで発射拠点を叩くケースも想定しています。それが妥当なのかどうかについては議論があり、この点はすぐ後で解説します。

この他、無人ドローンの導入やサイバーセキュリティーの強化、弾薬の十分な確保、古くなった自衛隊施設の建て替えなどにお金をかけるとされています。

◉敵基地攻撃能力（反撃能力）って何だろう？

日本の防衛が大きく変わるかもしれないといわれているのが、先ほどの長距離ミサイルなどによる敵基地攻撃能力の保有です。

これは反撃能力とも呼ばれ、敵の基地を叩く能力のこと。政府は相手に攻撃を思いとどまらせる抑止力につなげるのが狙いとしていますが、いざ使うとなったらこんな問題もあるのです。

たとえば、どこかの国が日本に向かって攻撃を仕掛ける兆《きざ》しが見えたら、その前に攻撃してこれをつぶしてしまおうというのが敵基地攻撃能力です。

しかし、これは難しいですね。その国がミサイルを発射しようとしているとわかったとして、発射訓練なのか、日本以外に向けて発射するのか、それとも日本に向けて発射するのかということを、果たして判断できるのかという問題があります。

どうも日本を狙って発射しそうだと判断して、その前に発射拠点を破壊しようと日本が最初に長距離ミサイルを発射すれば、「日本が攻めてきた。日本に攻撃されたから反撃するんだ」という口実を相手に与えてしまうことになります。だからこれは非常に難しい。

日本が持とうとしている敵基地攻撃能力について、海外の国はどう見ているのでしょうか。

いざ使うとなると難しい「敵基地攻撃能力」

アメリカは大賛成です。特に長距離ミサイルというと、日本の国産ミサイルの開発はこれからですから、それができるまでの間はアメリカに頼るしかありません。アメリカは「トマホーク」という巡航ミサイルを持っていて、最新型で1発2億～3億円といわれています。これを日本が買ってくれれば商売になるというわけです。

中国、北朝鮮、ロシアは当然、猛反対です。日本から言わせれば、「あなた方がこんなに軍備を増強しているから、われわれとしてもやらざるを得ないのだ」ということです。しかし、彼らは彼らで「日本は攻撃能力を強めるのか。では、こちらもそれに備えるとしよう」と言って、更に軍備増強に走るでしょう。結果的に軍拡競争になりかねないのです。

◉防衛費の不足分1兆円はどうやってまかなう？

現在の国際情勢を見れば、「防衛費の増額はやむを得ないのでは？」という考え方もあるかもしれません。しかし、そのお金は一体どうやって確保するつもりなのか？政府は防衛費を増やそうとしていますが、今の日本には他にも考えなければいけない

防衛費の増額は簡単ではない

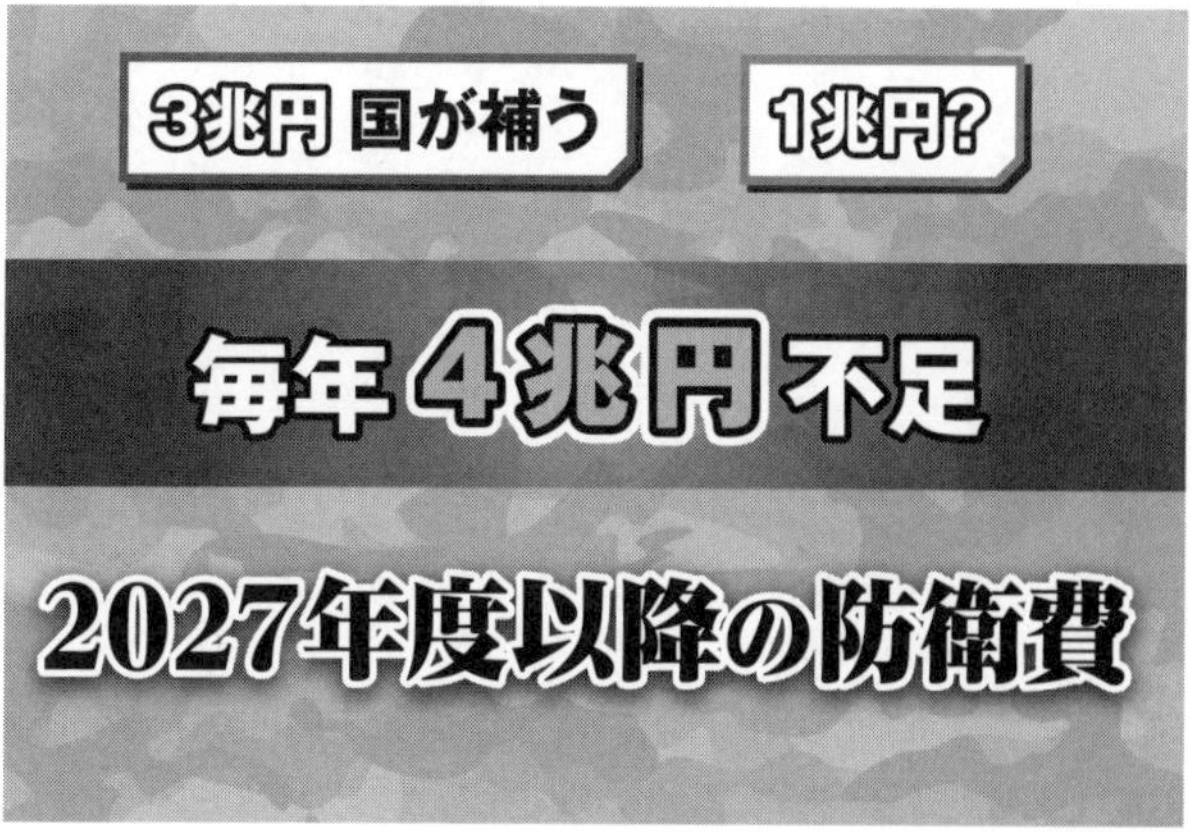

ことがたくさんあるはずです。

少子高齢化が進むと社会保障費が膨《ふく》らみ、少子化対策にも多額のお金が必要になります。一方でパイは限られており、防衛費だけを大幅に増やすのは簡単ではありません。防衛費を増やせば、他の分野は増やしたくても増やせなくなるかもしれない。そこをどうするかが大きな課題です。

これから政府が段階的に防衛費を増やしていくと、２０２７年度以降、防衛費は毎年４兆円足りなくなるといわれ、そのうちの３兆円は政府が節約したり余ったお金を回したりすることで対応するといいます。

問題は残りの1兆円です。この不足する1兆円は現状では調達の目処《めど》が立たないので、法人税を軸に、たばこ税、復興特別所得税でまかなうというのが政府の説明です。

次ページの図に示したように、法人税だけで7千億〜8千億円を見込んでいます。

法人税は企業が払うものですから私たちには関係ないと思うかもしれませんが、企業の立場に立ってみれば、納める税金が増えるのなら「社員の給料を上げるのはやめておこうかな」ということになるかもしれない。あるいは、作っている製品や提供しているサービスの値段を上げて、増えた税金分を何とか確保しようということにもなり得るのです。

東日本大震災で被災地の復興のために設けられた期間限定の税金の一部も防衛費に充てられるといいます。この場合、何もしないと復興資金が減ってしまいますよね。そうならないように、復興特別所得税の徴収期間を延長して対応するということです。

このように、なんとなく私たちの暮らしには関係ないように見えて、実際にはとても大きな影響があるんだということを知っておきましょう。

1兆円の増税案

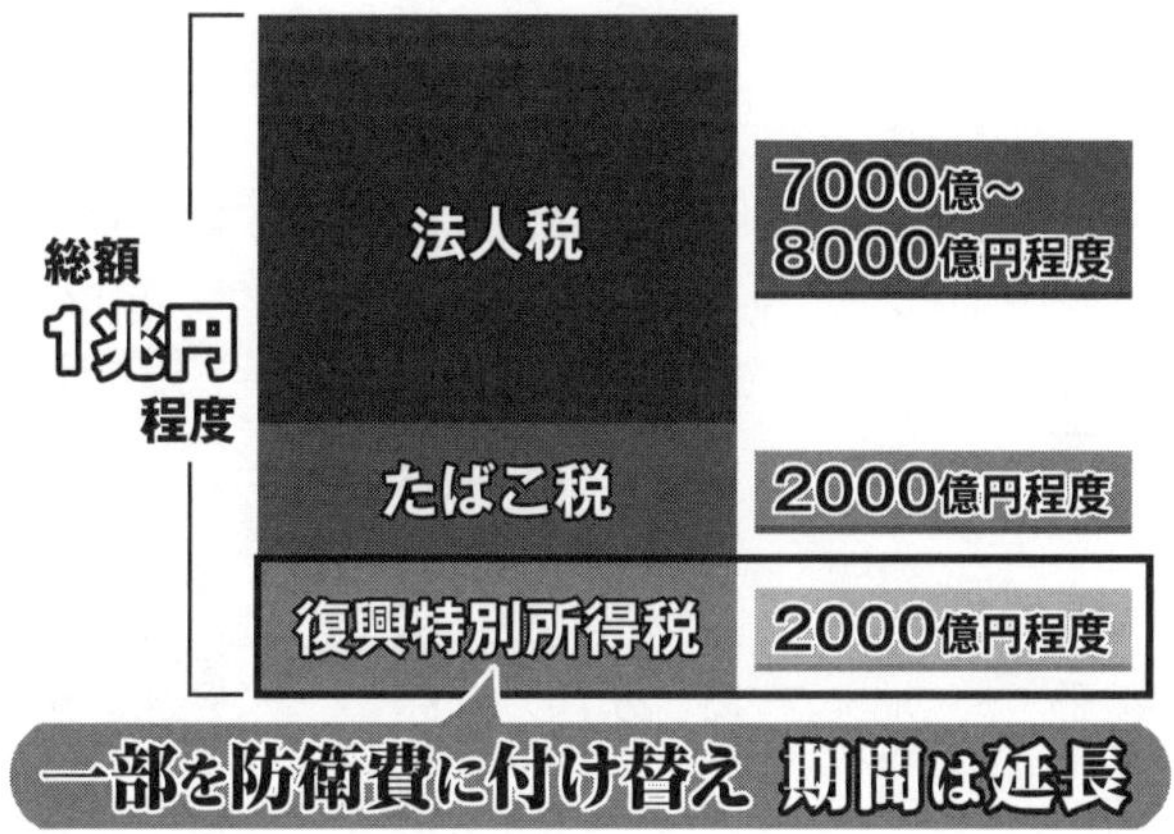

防衛増税の開始時期はまだ決まっていません。政府は２０２４年以降、適切な時期を見て段階的に考えていくと言っています。

なぜ２０２４年以降なのかわかりますか？　２０２５年に衆議院の任期４年が終わるからです。おそらくその前に衆議院の解散と総選挙があるはずです。

増税時期を決めてから解散総選挙をやるのか、それとも増税のことは曖昧《あいまい》にしておいて解散総選挙をやるのか。ここが大きなポイントです。

コラム
5
地図でわかる世界

北極海航路が開通!?

◉南極の氷が溶けているのは温暖化の影響か?

地球温暖化の影響で南極や北極の氷が溶けているともいわれます。実際、氷の面積が減っていることを示すデータがあります。2022年2月の南極の海氷《かいひょう》（海水が凍結したもの）を2000年代の同時期の平均と比較したところ、明らかに面積が減っていました。

ただ、南極の海氷に関しては、地球温暖化の影響かどうかは、まだはっきりとはわかっていません。

中には、気象による影響だとする説があります。たとえば夏に嵐がやってくると、暖かい突風が吹き付けるため氷を溶かすこともあるそうです。

南極の氷が溶けている原因は？

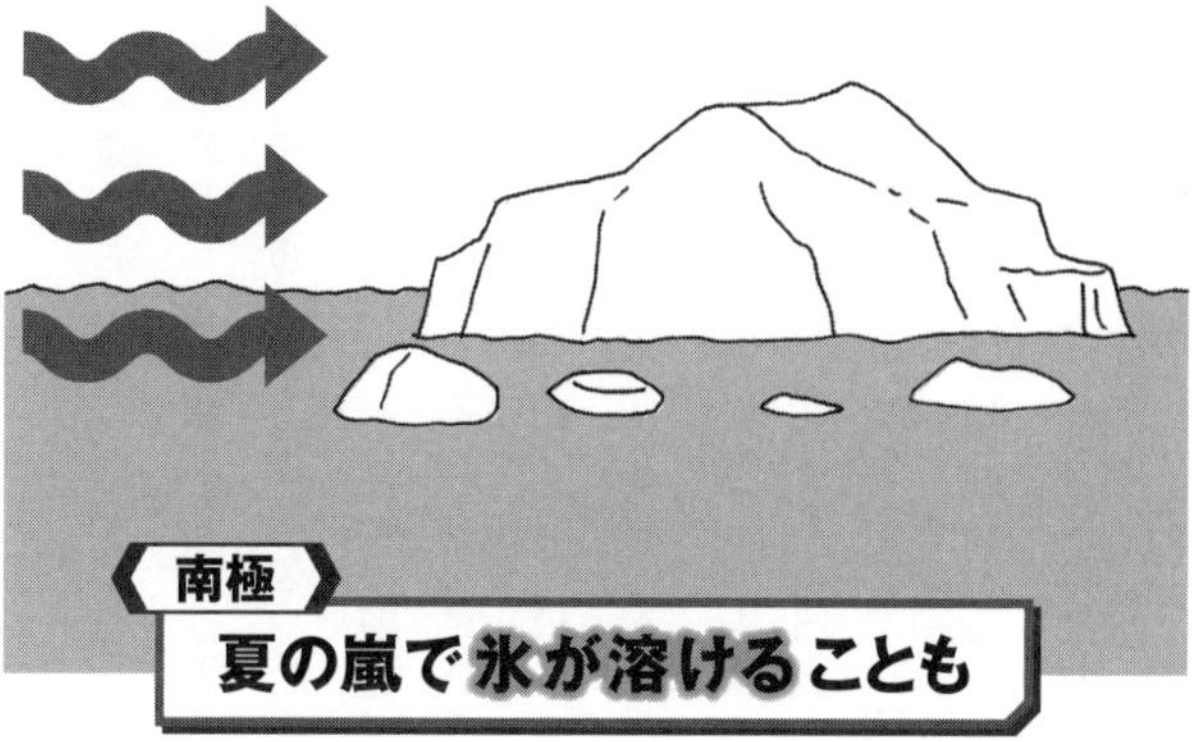

また、温暖化が進めば海水の蒸発が盛んになり、南極のあたりは特に寒いですから、蒸発した水が雪になって、むしろ雪がたくさん降るのではないか。その雪はやがて氷になるので「温暖化はむしろ氷を増やすのでは」という説もあるのです。

南極の気候変動についてはまだ解明されていないことが多く、今も研究が進められています。

◉北極の氷が溶けると経済に影響が!?

一方、温暖化の影響を強く受けているのが北極です。氷が減ったことで北極海航路が開設されました。

これまで北極は氷に覆《おお》われていて、とても通れませんでした。ところが、夏場はかなり氷が溶けてきて夏の海氷面積は1980年代の約半分まで減りました。そのおかげで北極海を船が通れるようになったのです。

現在、日本とヨーロッパを結ぶ航路は、日本から南シナ海、マラッカ海峡、インド洋を通って紅海に入り、スエズ運河から地中海へ抜けて、そこから大西洋に出てオランダのロッテルダムまで約2万キロメートルの航海になります。

ところが北極海航路を使えば、ベーリング海峡を通って約1万3千キロメートルでドイツのハンブルクに着いてしまいます。

距離が短くなれば船が航行する日数も減ります。そうなると、燃料代も含めて劇的に運送コストが安くなるのではないか、というわけです。日数がだいたい10日ほど節約できるそうで、経済活動に与えるインパクトは大きいと考えられます。

とはいえ、良いことばかりではありません。北極海を通ると関わってくるのがあの国、ロシアです。氷が減ってもなくなったわけではないのでロシアの砕氷船《さいひょうせん》に先導を

北極海航路で物流が便利になる!?

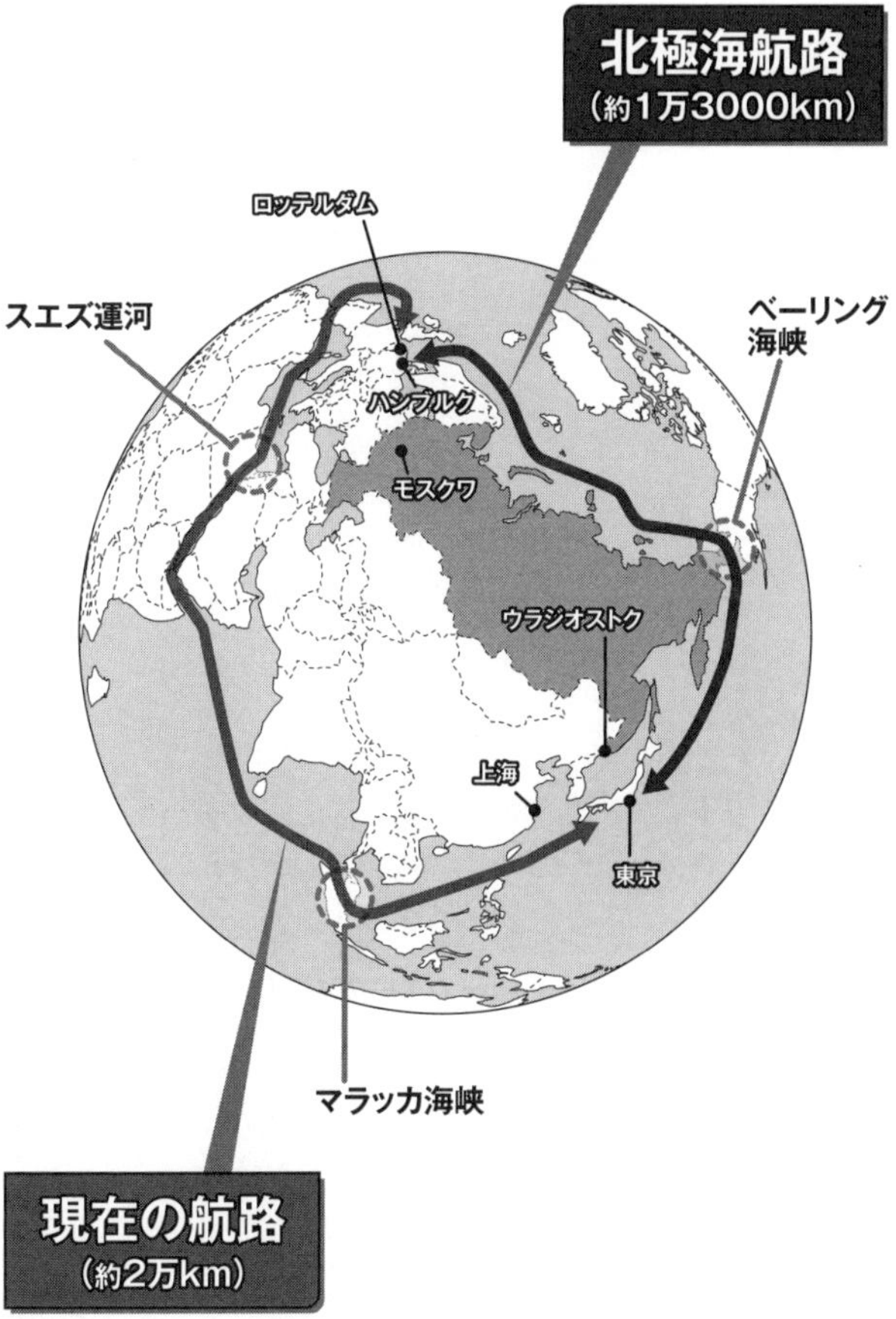

依頼する必要があります。当然、ただではなく、ロシア側にいくらかお金を払わないといけない。さらにロシアが請求する料金は、ここを通り過ぎた後でないとわからないのです。

このあたりは不明瞭な部分が残っており、意外にコストがかかるかもしれないという問題があります。途中、寄港する港がないことも気がかりな点ですね。

北極海航路が開けることで物流は便利になるかもしれませんが、温暖化は温暖化で何とかしなければいけない問題です。加えてロシアの問題もあるということで、いろいろと難しいのが現状です。

著者略歴

池上　彰（いけがみ・あきら）

1950年、長野県松本市生まれ。慶應義塾大学経済学部を卒業後、NHKに記者として入局。さまざまな事件、災害、教育問題、消費者問題などを担当する。1994年4月から11年間にわたり「週刊こどもニュース」のお父さん役として活躍。

わかりやすく丁寧な解説に子どもだけでなく大人まで幅広い人気を得る。

2005年3月、NHK退職を機にフリーランスのジャーナリストとしてテレビ、新聞、雑誌、書籍、YouTubeなど幅広いメディアで活動。

名城大学教授、東京工業大学特命教授など、11大学で教える。

おもな著書に『伝える力』シリーズ（PHPビジネス新書）、『知らないと恥をかく世界の大問題』シリーズ（角川SSC新書）、『なんのために学ぶのか』『20歳の自分に教えたいお金のきほん』『20歳の自分に教えたい現代史のきほん』『第三次世界大戦　日本はこうなる』（SB新書）など、ベストセラー多数。

番組紹介

池上彰のニュース そうだったのか!!

最近大きな話題となっているニュースの数々、そして今さら「知らない」とは恥ずかしくて言えないニュースの数々を池上彰が基礎から分かりやすく解説します！ニュースに詳しい方も、普段はニュースなんて見ない、という方も「そうだったのか！」という発見が生まれます。土曜の夜はニュースについて、家族そろって学んでみませんか？

- テレビ朝日系全国ネット
  土曜よる８時～放送中
- 〈ニュース解説〉池上 彰
- 〈進行〉宇賀なつみ

■本書は、「池上彰のニュースそうだったのか!!」(2020年6月6日、2022年3月19日、9月24日、12月29日、2023年1月14日)の放送内容の一部から構成し、編集・加筆しました。

SB新書　616

20歳《さい》の自《じ》分《ぶん》に教《おし》えたい地《ち》政《せい》学《がく》のきほん

2023年5月15日　初版第1刷発行
2023年5月16日　初版第2刷発行

著　　者　池上《いけがみ》 彰《あきら》 +「池上彰《いけがみあきら》のニュースそうだったのか!!」スタッフ
発 行 者　小川 淳
発 行 所　SBクリエイティブ株式会社
〒106-0032　東京都港区六本木2-4-5
電話:03-5549-1201(営業部)

装　　幀　杉山健太郎
本文デザイン
D T P　株式会社キャップス
図版作成
編集協力　渡邊 茂
イラスト　堀江篤史
写　　真　テレビ朝日
共同通信社
カバー・帯写真　伊藤孝一(SBクリエイティブ)
印刷・製本　大日本印刷株式会社

本書をお読みになったご意見・ご感想を下記URL、
または左記QRコードよりお寄せください。
https://isbn2.sbcr.jp/17738/

落丁本、乱丁本は小社営業部にてお取り替えいたします。定価はカバーに記載されております。
本書の内容に関するご質問等は、小社学芸書籍編集部まで必ず書面にて
ご連絡いただきますようお願いいたします。

ISBN　978-4-8156-1773-8